Entendiendo el Misterio de la Misa

Si Scires Donum Dei

Reflexione sobre la Misa
por el Padre Matthew Buettner

Prefacio realizado por la
Dra. Alice von Hildebrand

Queenship

PUBLISHING COMPANY
P.O. Box 220 • Goleta, CA 93116
800-647-9882 • 805-692-0043 • Fax 805-967-5133
www.queenship.org

Nihil Obstat:
    Reverendo Giles Dimock, O.P., S.T.D.
    Docente de la Facultad, Universidad
    Franciscana de Steubenville
    9 julio 2005

Imprimatur:
    Venerable Monseñor Peter J. Jugis, J.C.D.
    Obispo de Charlotte
    15 Agosto 2005
    Solemnidad de la Asunción de la Virgen María

Librería del Congreso Numero #2006933573

Publicado por:
Queenship Publishing
P.O. Box 220
Goleta, CA 93116
800-647-9882 . 805-692-0043 . Fax 805-967-5155
www.queenship.org

Impreso en los Estados Unidos de América

ISBN: 1-57918-323-9

Contenido

iii

Dedicado al
Sagrado Corazón de Jesús
y al Inmaculado Corazón de Maria

Prefacio

El nuevo libro sobre la Misa del Padre Matthew Buettner debería ser llamado: "Si scires donum Dei" (si conociera el regalo de Dios ...), ya que su propósito es de hacer que los Católicos Romanos se den cuenta del incomparable regalo caído del cielo que Cristo ha dado en el sacrificio sagrado de la Misa. Nuestro Señor prometió a sus discípulos "No les dejare huérfanos" y con estas palabras ha garantizado que continuará estando totalmente presente en su Sagrada Novia y en el Sacrificio Sagrado de la Misa - una repetición no sangrienta de su último sacrificio en el Calvario.

La ignorancia por parte de la mayoría de los Católicos a cerca de lo que realmente es la Misa, debe hacer llorar los ángeles, a ellos que invisiblemente rodean el altar cantando silenciosamente el Sanctus, Sanctus, Sanctus, mientras son testigos de la indiferencia de los miles de los feligreses que van a la Misa porque es una obligación ir a Misa, pero no tienen ningún indicio de lo que está teniendo lugar. Esto explica en parte su falta de reverencia, su charlar, su manera desarreglada de vestir, su "Aburrimiento."

Esta trágica ignorancia, y por lo mismo, la falta total del agradecimiento y aprecio por el más grande de todos obsequios. Cristo hizo referencia a esto en la parábola del rey que invitó a muchos al banquete de bodas de su hijo. Todos encontraron excusas "razonables" y no aceptaron la invitación real. Indignado, el rey ordenó a sus criados que salieran a las calles principales e invitaran a todos aquellos que encontraran para que el salón de bodas estuviera lleno. Sus criados obedecieron su orden. Pero el rey notó que uno de los invitados vino sin haberse puesto una prenda de vestir para bodas. Sabemos el final de la historia: este hombre fue puesto en la oscuridad exterior (22: 1-14 de Mateo).

Meditando sobre este triste episodio, observamos que

los invitados "honorables" - encerrados en su mediocridad - no tenían ni el entendimiento del honor otorgado a ellos por la invitación real, ni la gratitud por este gran regalo. De la misma manera que Esau (un modelo de la sociedad en la que vivimos) estaba vendiendo sus derechos de nacimiento por una ración de comida. Su jerarquía de valores estaba tan totalmente distorsionada, que eran ciegos a su irreverencia arrogante. Fueron reemplazados por "Sustitutos" que llenaron el salón de bodas. Uno de ellos, sin embargo, vino vestido como si estuviera yendo a una feria de pueblo. Esto es lo que está ocurriendo en muchas iglesias Católicas todos los Domingos. "Venga tal como Usted esta" es ahora una costumbre aceptable. Esto es aplicable, por ejemplo, no solamente a la manera desvergonzada en la que algunas personas se visten - especialmente durante el verano- cuando los feligreses se atreven a venir a la Misa y recibir la sagrada comunión en atuendos de playa – esto también es aplicable a la postura descuidada que muchos asumen: hay una manera digna de sentarse o de pararse. La actitud de "no me importa" es aceptable en un gimnasio, pero no en un lugar sagrado.

Definitivamente, muchos supuestos católicos parecen no tener idea de que las iglesias Católicas son lugares consagrados, es decir, hechos sagrados. Se dice en la liturgia: "Dei est, et porta ... de coeli de domus de iste: hic de punto de est de terribilis" (Temeroso es este lugar: esta es la casa de Dios, la puerta de cielo). Los ángeles invisibles están temblando con admiración; muchos católicos entran en este espacio sagrado como si estuvieran en un salón de espectáculos.

El libro del Padre Buettner tiene por objetivo remediar esta situación trágica. Tiene un propósito noble: hacer los católicos concientes de que lo que ocurre durante la Misa es un evento de una gran dimensión trascendental; es la representación del sacrificio del Calvario - Cristo que se daba a su Padre para la redención de nuestra humanidad pecadora, que lo había crucificado.

Fe, y fe a solas, pueden hacer que nosotros veamos que todo lo demás, sin excepción, pierda importancia en comparación con lo grandioso que está ocurriendo cuando el sacerdote, representando a Cristo, pronuncia las palabras, "Lo Hoc est enim Corpus meum" (éste es mi cuerpo). En el despertar del Vaticano II, muchos católicos - incluso sacerdotes – parecen haber perdido totalmente la visión de lo que es realmente la Misa. La educación católica está en su nivel más bajo: niños que van a supuestas escuelas católicas son desastrosamente desconocedores de los dogmas más elementales de la fe; en muchos casos la enseñanza católica es tan «pobre» que se va contaminando por ideales seculares. ¿Los seminarios son mejores? Algunos son fieles, pero son la minoría. Trágicamente, después de los concejos, la fe católica no fue enseñada tampoco o se ha distorsionado o ha sido tan «pobre» que las mentes de los fieles se confundieron, y sus corazones se han quedado fríos. El libro de Padre Buettner es, entonces, inestimable. Cada una de sus veintiséis secciones, informan a los fieles sobre la estructura, el significado, la santidad de la Santa Misa. De la misma manera que una sinfonía, se traslada a un clímax paso a paso - a la consagración de pan y vino que se hacen en realidad el Cuerpo y la Sangre de nuestro Salvador y Rey.

Originalmente publicado en una serie de artículos, pero ahora en forma de libro, cada sección ilumina al lector el significado de las partes de la Misa llevándolo orgánicamente a la siguiente parte. De la misma manera que una cadena de oro, cada uno de ellos se prepara para la siguiente; la última es el enlace que corona la joya preciada de los eventos sobrenaturales. El lenguaje es límpido, claro. Puede ser tomado por jóvenes y viejos. Cautiva la atención y abre los tesoros de la magnífica Misa Católica.

Cómo deseo que esto pudiera ser obligatorio en cada diócesis. Aquellos que tienen oídos para escuchar, serán fecundados por la enseñanza sublime de un sacrificio en el que Cristo está presente y nos dice, "El que come mi Carne y bebe mi Sangre tendrá vida eterna". Verdaderamente, el título de este libro debería ser Si scires donum Dei.

Tolle, lege.

Dr. Alice von Hildebrand
New Rochelle, Nueva York
21 Noviembre 2005

Parte de las ganancias de este libro beneficia a la fundación

Te Deum Foundation Inc.

Para copias adicionales y más información, por favor visitar
www.tedeumfoundation.org

Introducción

"La Santa Misa es tanto el significado como la señal a través de la cual el Señor nos ha dejado su amor."[1]

Adrienne von Speyr, un místico suizo del último siglo y confidente espiritual cercano del aclamado teólogo Hans Urs von Balthasar, dió sus reflexiones sobre el significado espiritual del Santo sacrificio de la Misa, esencia de la que se hizo un pequeño libro titulado: "La Santa Misa." En este trabajo, von Speyr dice,

Toda la vida del [Señor] fue una Eucaristía para el Padre, y es en esta, su Eucaristía, en donde El quiere incluir a todo su pueblo. La acción de gracias Cristiana tiene su realización dentro de ella y no puede ser separada de la totalidad de la Santa Misa, toda en sí es una conmemoración de la totalidad del amor del Señor. Cada celebración de la Santa Misa es una introducción única al amor del Señor. Ninguna Misa debe ser considerada por si misma, por el contrario se mantiene en relación con todas las otras Misas, las cuales, todas juntas, forman la señal indivisible del amor entero e indivisible del Señor por su iglesia.[2]

Esta introducción de von Speyr a las profundas reflexiones espirituales sobre la Santa Misa, no solo sirve como un beneficioso punto de partida para nuestras reflexiones actuales sobre la Santa Misa, sino más precisamente como los lentes espirituales correctos o las perspectivas a través de las cuales vamos a entrar en este estudio. La Santa Misa es, efectivamente, la expresión más alta del amor humano y la acción de gracias ofrecida al Padre eterno por el Hijo, por cada uno nosotros, asi como la expresión máxima del amor divino del Padre

---

1 Adrienne von Speyr, la Misa sagrada (San Francisco, prensa de Ca: Ignatius, 1999), 7-9.
2 *Ib..*, *11*.

ofrecido a la humanidad. Sin esta perspectiva, nuestro estudio se queda en un simple ejercicio académico, un curso a cerca de la Santa Misa más que una investigación fiel de lo que el Señor ha confiado a su amada novia, la Iglesia, como una conmemoración de su amor.

Mientras nos adentramos en este estudio del Santo Sacrificio de la Misa, el lector se beneficiará al considerar lo siguiente:

1. Como con cualquier estudio de naturaleza espiritual y teológica, se recomienda acercarse a este material con fe, humildad, y oración.

2. Este estudio no intenta ser exhaustivo, sino todo lo contrario: estas lecciones tienen la intención de introducir al lector en el entendimiento básico del misterio de la Misa. Los exámenes teológicos y filosóficos más profundos están fácilmente disponibles (una lista de recursos bibliográficos ha sido incluida al final). Por lo tanto, estas lecciones están dirigidas a los Católicos laicos o a los no Católicos interesados, los fieles devotos asistentes a la Misa o a los que están en proceso de conversión.

3. El origen de este material es algo único y vale la pena mencionarlo. Como respuesta a el "Año de la Eucaristía" propuesto por el Papa Juan Pablo II, decidí suministrar una catequesis comprensiva sobre la Santa Misa para mis feligreses, para ayudarlos a comprender el misterio y la belleza de la Santa Misa. Y así que, empezamos en Octubre del 2004. Revisamos la Santa Misa parte por parte, una parte en cada Misa. Veintisiete lecciones que terminamos providencialmente en la solemnidad de Corpus Christi. Adicionalmente, se recomendó que se publicaran estas conferencias de 5 minutos en nuestro periódico Diocesano, "The Catholic News and Herald", para proveer un servicio de catequesis social más grande a toda la Diócesis de

Charlotte. La respuesta fue abrumadora. Los católicos en toda la diócesis, como también mis propios feligreses, han pedido que estas conferencias sean compiladas y publicadas para hacerlos más accesibles. Este libro actual es una respuesta a ese deseo.

4. Finalmente, se debe considerar que estas conferencias fueron diseñadas en primer lugar, para ser dadas antes de la conclusión de la Santa Misa e impresas y leídas en segundo lugar. Por lo tanto, las he revisado y he incluido notas al pie de página para estudio y consulta adicionales. Las lecciones estan ligeramente modificadas de su formato original para proveer un enfoque más ilustrado. Mi único deseo con estas conferencias es que ayuden y asistan a todos nosotros "Entendiendo el Misterio de la Misa."

Fr. Matthew Buettner,
Noviembre 2005

A cerca del Autor

Nativo de Peoria, Illinois, el Padre Matthew Buettner recibió el grado de Artes en Filosofía en el seminario San Carlos Borromeo en Philadelphia y la Maestría de Divinidad en la Universidad Católica de Washington, D.C., antes de que fuera ordenado al sacerdocio en el 2003. Estuvo sirviendo como vicario en la Iglesia Católica San Gabriel en Charlotte, Carolina del Norte antes de ser transferido a la Iglesia Católica Santa Dorotea en Lincolnton, Carolina del Norte, en donde sirve como vicario desde Julio del 2004.

xi

1
Dignum et Iustum Est

En una homilía dada por el Papa Juan Pablo II justo unos meses antes de su muerte, el Santo Padre designó el tiempo entre 17 Octubre del 2004 y el 29 octubre del 2005 como "El año de la Eucaristía."[1] Durante este año, tuvimos el privilegio estupendo de conmemorar al Señor y entregarnos con mayor fe al Señor, quien está realmente presente en la Sagrada Eucaristía.

Durante este año designado al sacramento del Cuerpo y la Sangre de nuestro Señor, nos beneficiaremos enormemente considerando el misterio tremendo del Sacrificio de la Santa Misa y el regalo de la Sagrada Eucaristía. Así, no estamos a punto de explicar el misterio que ha nutrido la iglesia durante 2000 años física, espiritual, e intelectualmente. Nuestra tarea es la de descubrir, o redescubrir los frutos de nuestra redención compradas por el sacrificio de Cristo Jesús por nosotros y expresado más profundamente en el Sacrificio de la Santa Misa. En estas reflexiones, vamos a pasar la mayor parte de este año dedicado a la Santa Eucaristía a penetrar mas profundamente en el misterio del sacrificio de la Misa y en el sacramento del altar. Así, sin mas preámbulos, nuestra discusión empieza por el final. ¿Cuál es el propósito de la Misa? ¿Por qué vamos a la Misa? Respondamos primero lo último.

Vamos a la Misa porque Dios nos obliga, nos comanda, y exige nuestra presencia en la Misa todas las semanas. El es el rey benévolo que impone una llamada semanal sobre sus súbditos para entrar en su corte sagrada. Recuerde que durante miles de años, desde que Dios sacó a los israelitas, su pueblo, de la esclavitud en Egipto a la libertad de la región

---

1 Homilía del Papa Juan Pablo que anuncia el año de la Eucaristía, en el Domingo de *Corpus Christi* basílica de C/. Juan Lateran, Roma, Italia: 10 June 2004.

1

prometida, ha ordenado a su pueblo elegido "Guardar el santo Sábado".[2] Para los judíos, esto representaba la observancia estricta de descanso del trabajo para ser renovado El hombre esta para imitar a Dios su creador quien descansó de los 6 días de trabajo en el séptimo día. Y en este día de Sabbath (el "Sabbath" significa "En séptimo lugar" literalmente), el hombre debe recordar la bondad de Dios al liberar a su pueblo de la esclavitud, recordar el pacto de Dios con su pueblo, y elogiar, venerar, y adorar a Dios. Y para los Cristianos, recordamos el cumplimiento del trabajo de Salvación de Dios Jesucristo, quien libera al hombre de la esclavitud espiritual del pecado y la muerte. El hombre está todavía obligado por Dios a "Guardar sagradamente el Domingo" aunque el Sabbath para los Cristianos no está marcado en el Sábado, el séptimo día, sino el Domingo, que es el primer día de la nueva creación, el octavo día. Tan esencial es el mantener "Sagrado el día Domingo" que el primer precepto de la iglesia es "Asistir a la Misa los Domingos y los feriados religiosos de obligación."[3] El faltar a Misa sin una buena razón es considerado algo grave y puede separarnos de Dios.[4]

¿Entonces, por qué Dios nos obliga a que asistamos a la Misa? En última instancia, hay dos razones. Primero, dignum est de iustum de et: "Es justo y necesario dar gracias y honra a Dios."[5] La Misa nos enseña que la razón final para asistir a la Misa es porque Dios se lo merece. Todo lo que somos y todo lo que tenemos ha sido dado como regalo gratuito de Dios. No podemos ganar su amor; no podemos merecer su gracia; no podemos comprar la vida sin término. Todo es un regalo divino. Por lo tanto, estamos básicamente endeudados con Dios. Y como Dios nos creó para El, para honrarlo, adorarlo, y servirle solo a El, estamos obligados por el deber

---

2 Éxodo 19: 8-11
3 *Catecismo de la Iglesia Católica, 2180.*
4 *Ib.., 2181.*
5 Misal Romano, precede el diálogo a la oración Eucarística.

de la justicia a ofrecerle el sacrificio más grande de alabanza que humanamente sea posible. La justicia exige que Dios, quien es perfecto, reciba un sacrificio perfecto de alabanza. Pero el hombre, separado de Dios desde el pecado original de Adán y Eva, es esencialmente incapaz de ofrecer un sacrificio perfecto; es decir, hasta que Dios se hizo hombre y se entregó así mismo por nosotros. Y esto nos trae la segunda y última razón para asistir a la Misa.

En la Misa no sólo rendimos a Dios la alabanza que el se merece, sino que lo hacemos principalmente a través de Jesucristo, el sumo sacerdote.[6] En la Misa, nos unimos a la adoración del hijo al Padre en el Espíritu Santo. Recordando los eventos de la pasión de Cristo, su muerte, y su resurrección, estamos realmente presentes en el Calvario, presentes cuando Cristo ofreció el sacrificio perfecto de su Cuerpo y Sangre al Padre y luego ofreció los frutos de su sacrificio a usted y a mí.[7] El sacrificio de Cristo es la expresión perfecta de la justicia y la piedad divinas. Y recordando estos mismos eventos día tras día, semana tras semana, año tras año, nos acercamos a nuestra meta, que es la salvación eterna.

Así que, Dios ordena que nosotros "Guardemos sagradamente el Domingo" y nos obliga a que asistamos a la Misa para venerarlo a través de la adoración perfecta de su propio Hijo para que podamos recibir el regalo sacramental de nuestra redención, el Cuerpo y la Sangre de Cristo. En nuestra próxima consideración, revisaremos cómo prepararnos para el Santo Sacrificio de la Misa.

---

6 *Ib.., 1368.*
7 *Ib.., 1362-1367.*

2
Según el Receptor

Anteriormente, reconocimos que Dios todavía ordena que su pueblo "Guarden sagradamente el Domingo." Como Cristianos, lo hacemos cumpliendo el primer precepto de la Iglesia: asistiendo todos los Domingos a Misa y los días feriados religiosos de obligación.[8] Participando en el Santo Sacrificio de la Misa, tenemos la esperanza de conseguir el doble propósito o el objetivo de la Misa: 1) para dar Gloria a Dios alabando, adorando, y venerando al Padre a través del hijo en el Espíritu Santo, y 2) recibir los frutos de la pasión de Cristo, su muerte, y resurrección en la Sagrada Comunión. En pocas palabras, llegamos a la Misa preparados para dar y recibir: las dos partes recíprocas o las actividades de cualquier relación de amor. Y como cualquier relación, nuestra relación con Dios, expresada completa y totalmente a través de la Misa, requieren de tiempo, esfuerzo, deseo y dedicación, efectivamente, preparación, para poder recibir lo que Dios ha preparado. Por lo tanto, es esencial dedicar algunos momentos para considerar nuestra necesidad de prepararnos para la Santa Misa.

Durante la Edad Media, había un principio filosófico muy comúnmente usado y articulado principalmente por el Escolasticismo.[9] El principio filosófico decía: "Lo que se recibe es recibido según el receptor." ¿Qué quiere decir esto en nuestro idioma diario?

Suponga que dos amigos atienden la orquesta sinfónica de Charlotte. Ambos son músicos. Uno de ellos toca los tambores

---

8 *Ib.., 2042.*
9 Escolasticismo es la síntesis de la filosofía de Aristoteles y la revelación cristiana en el pensamiento Europeo medieval. Trató básicamente de resolver los conflictos de fe, la razón y de nominalismo y realismo, y establecer las pruebas para la existencia de Dios.

en una banda de rock. El otro músico toca el violonchelo en un cuarteto de cuerda local. ¿Teniendo en cuenta que ambos están escuchando la misma sinfonía y la misma música, cuál de estos dos piensa usted va a sacar mas provecho de la función, apreciar más la belleza y la complejidad de la música? O suponga que hay dos ventanas idénticas en el mismo dormitorio. Una de ellas está empolvada y sucia. La otra ventana está limpia y clara. ¿Dado que el sol está brillando fuera, qué ventana permitirá que más luz pase completamente y alegre la habitación?

Ambos ejemplos demuestran el principio de que "Lo que se recibe es recibido según el receptor." En ambos casos, hay una realidad objetiva, ya sea la música hermosa de una sinfonía o la luz del sol. Cada uno pasa por el receptor de manera diferente, dependiendo del modo o la receptividad o disposición del receptor.

De forma semejante, hay una realidad objetiva, una verdad en la Misa, que por el poder divino, a través del sacerdote como instrumento que actúa en persona Cristo (en la persona de Cristo), el pan y vino son transformados en el Cuerpo y la Sangre, alma y divinidad de Cristo Jesús. Esta verdad no depende de la creencia individual, así como el hecho de que el cielo es azul es independiente de la creencia individual.[10] Sin embargo, las gracias que recibimos de este sacramento dependen de nuestra receptividad, nuestra disposición, nuestro estado de preparación para recibirlos. Recibimos gracia hasta el punto de que estemos preparados para recibir. La gracia no es mágica. La gracia no es automática. Asistir a la Santa Misa no es para nada como usar una máquina vendedora: aparecemos, ponemos un poco de dinero, y recibimos la Sagrada Comunión y la gracia. No. Esta no es esa clase de dar y recibir característico de las relaciones de amor.

¿Como las gracias que recibimos dependen de nuestra

---

10 *Ib.., 1375-1376.*

receptividad, nuestra disposición, nuestro estado de preparación, cómo debemos entonces prepararnos para la Misa? Primero, debemos estar en un estado de gracia para recibir la Sagrada Comunión.[11] Eso no quiere decir que tenemos que ser perfectos. Pero no debemos ser conscientes de ningún pecado mortal. Si una persona está consciente de tener cualquier pecado mortal, debe ir primero al sacramento de la penitencia antes de que pueda ser admitido en la Sagrada Comunión. Si recibe la Sagrada Comunión consciente de los pecados mortales, comete el pecado adicional de sacrilegio. Y por eso, como San Pablo dice en su primera carta a los Corintios: "Cualquiera que coma el pan o beba la copa del Señor de una manera indigna será culpable de profanar el Cuerpo y la Sangre del Señor".[12] Por otro lado, si recibimos dignamente, estando en un estado de gracia, al recibir el Cuerpo y la Sangre de Cristo, también recibimos inmensas gracias, bendiciones numerosas - recibimos el obsequio de nuestra redención. La luz de la gracia de Dios puede penetrar en el alma solo en la medida en que el alma esté purificada.

Además de acercarnos a los sagrados misterios estando en un estado de gracia, también podemos prepararnos para el Santo Sacrificio de la Misa con la oración. La oración establece la comunicación que necesitamos dar y recibir durante la Misa. El intercambio sagrado de ofrendas en la Misa es consumado a través del ejercicio de la oración, hablándole a Dios y escuchándole. Así que, esto exige que nosotros lleguemos temprano, con el tiempo suficiente para preparar nuestras almas para la Misa.[13]

Para llegar a nuestro doble objetivo de dar la adoración merecida a Dios y recibir el obsequio de nuestra redención, debemos preparar nuestras almas suficientemente para recibir

---

11 *Ib.., 1415.*
12 Cor. 11: 27
13 Ver el apéndice B para las oraciones sugeridas para la preparación para el sacrificio sagrado de la Misa

su gracia, la cual no es mágica o automática. "Lo que se recibe es recibido según el receptor." Debemos desarrollar nuestro oído para el ritmo y la armonía hermosa de la oración, la cual esta frecuentemente marcada por períodos de silencio; debemos mantener la ventana de nuestra alma limpia para permitir que el amor divino y la gracia nos transformen con nuestra cooperación.

En nuestra próxima consideración, continuaremos nuestro material de fundamentos en la Misa considerando la Misa como un ritual sagrado.

3
Ritual sagrado

Empezamos nuestra catequesis sobre el Santo sacrificio de la Misa mirando el propósito o el objetivo de la Misa, el cual es venerar a Dios lo más perfectamente posible y recibir la gracia de Dios a través de la recepción de la Sagrada Comunión. Como éste es nuestro objetivo más alto o nuestro deber en la vida, la lección anterior reconoció nuestra necesidad de prepararnos para la Misa. Vimos que la mejor preparación para la Misa es vivir una vida de virtud, superando el pecado en nuestras vidas, además de tomar tiempo para orar antes de que la Misa comience. Ahora vamos a tomar unos momentos para considerar cómo debemos estar para llegar a nuestro objetivo. Si nuestro objetivo es conducir de Charlotte, NC a Washington, DC, ¿no deberíamos de tomar un momento para mirar un mapa de carreteras antes de partir? Ahora miraremos el "Mapa de carreteras", el esquema de la Misa, comúnmente conocido como el "Ritual."

El rito es una parte natural de la vida humana. La mayor parte de nuestras actividades diarias están marcadas por rituales: desde nuestros rituales matutinos, al conducir de un lugar a otro, al cocinar una comida y el irse a descansar por la noche. A decir verdad, los filósofos han llamado al hombre un "Animal hace-rituales." Los ritos marcan el día, la semana, y las estaciones. La mayoría de nosotros probablemente tenemos rituales de familia específicos para las temporadas y fiestas durante todo el año, como cumpleaños, la Navidad, y la Pascua.

La familia de Dios también tiene sus rituales. Pero la diferencia es que en la familia de Dios, Dios, como nuestro Padre, establece el ritual que debemos seguir. Dios es el autor y el legislador del ritual sagrado. En realidad, si nuestro objetivo es adorar a Dios tan perfectamente como seamos capaces, tendría sentido entonces que nos enseñara cómo, demostrarnos la manera en que se debe hacer; tendría sentido que nos suministrara un mapa de carreteras exacto que nos lleve a la adoración que a el le agrada. De lo contrario, estaríamos paseando sin rumbo fijo sin tener sentido de nuestro camino o destino. Por lo tanto, Dios ha dado la Misa como ritual sagrado que podemos seguir para venerarlo perfectamente.

No sólo Dios establece el ritual de la Santa Misa con el propósito de que podamos venerarlo de una manera que es realmente agradable para el, al llegar a nuestro destino, sino que nos da la Santa Misa porque es más adecuada para nosotros como sus niños. Cuando somos bautizados, nos hacemos miembros del cuerpo de Cristo, hijas e hijos adoptivos del Padre celestial. Y como miembros de su familia, lo veneramos como una familia, como una comunión de fe. El ritual permite expresión común de fe que abarca el tiempo y el lugar, la cultura y la lengua. Es una de las marcas o características de la Iglesia Católica que compartimos y practicamos una fe universal con todos católicos en todo el mundo. La Misa a la que asistimos hoy es la misma Misa que se está ofreciendo por el Papa en la basílica de San Pedro en Roma. Cuando usted está de vacaciones en Italia o Inglaterra o las Filipinas, usted puede asistir a la misma Misa Católica que se está ofreciendo en Lincolnton, NC. El ritual permite la expresión común de la fe en todo el mundo y durante todo el tiempo.

Quizás más importante que admitir la expresión común de la fe, el ritual también apoya la verdadera libertad. Algunas personas pueden pensar que ese ritual limita o sofoca la libertad de expresión. Pero en realidad, el ritual apoya la libertad. La mente moderna a menudo malinterpreta la libertad. Muchas veces la mente moderna confunde la libertad con libertinaje o licencia. Imagine un servicio de adoración común que no siguiera un ritual. ¿Qué tan libres estarían los feligreses para participar? ¿Sabría Usted qué esperar después? Cuando se trata de conducir, las reglas del camino apoyan la libertad de los conductores para llegar a su destino sin peligro. Cuando un conductor decide hacer cosas nuevas o ser innovativo en su enfoque al límite de velocidad o los semáforos o las reglas, es cuando los accidentes ocurren. De la misma manera que las reglas de la conducción, el ritual establece un patrón similar. Este patrón familiar de la adoración permite el acceso libre a los sagrados misterios. El ritual es como los dos bancos de un río que dirigen la corriente de ese río hacia su destino. El ritual libera la mente y el corazón para responder a la gracia de Dios y permite que nosotros oremos más eficazmente. En la lección cuatro concluiremos nuestro material de fondo de la Misa considerando cómo nuestro Señor estableció el ritual sagrado de la Misa dentro del contexto de otro ritual: la Pascua de los Judíos.

4
De la Pascua de los Judíos al Misterio Pascual

En las tres presentaciones anteriores, hemos reiterado que el final o el objetivo o propósito de la Santa Misa es adorar a Dios tan perfectamente como seamos capaces. Si nuestro objetivo es venerar a Dios tan perfectamente como sea posible, tendría sentido que el nos enseñara cómo, incluso mostrarnos la forma en que lo debemos hacer; tendría sentido que el nos diera la manera exacta que le agrada a el. Es por eso que la semana pasada reconocimos que Dios es el escritor y el legislador del ritual sagrado. Como cristianos, siempre seguimos el ejemplo de Cristo Jesús. Porque Jesús es Dios, tiene autoridad divina para establecer y mostrar la forma de adorar que es agradable al Padre; como hombre, el lo logró perfectamente por nosotros y nos dejó un ejemplo a seguir. Entonces ¿qué estableció Cristo como perfecta adoración y cómo lo hizo?

Leemos en la Sagrada Escritura que en la noche antes de morir, Cristo Jesús celebró la Pascua con sus apóstoles.[14] Durante la cena, nuestro Señor cumplió con el significado de la Pascua e instituyó el nuevo y eterno pacto. Las Última Cena se convirtió en la primera Misa. Debido a que la Pascua de los Judíos moldeó el contexto de la primera Misa, tenemos que mirar por un momento el significado de la Pascua.

En el Antiguo Testamento, en el libro del Éxodo, descubrimos que después de que los israelitas fueron esclavizados por los egipcios durante aproximadamente 400 años, Moisés negoció con faraón para liberar de la esclavitud

---

14 Cf.. *Catecismo, 1339; 26: 17-29 de Mateo; mancha 14: 12-25; 22: 7-20 de Lucas; Cor 11: 23-26.*

a los israelitas esclavos.[15] Antes de la plaga final, la muerte de los primogénitos, Dios dijo a Moisés que ordenara a los israelitas a matar el cordero de Pascua, tomar un poco de hisopo y mojarlo en la sangre, y untar la sangre del cordero sobre los dinteles de las puertas de sus casas. Aquella noche, cuando el destructor llegó para matar al primogénito en la región de Egipto, pasó por encima de las casas de los israelitas y mató a los primogénitos de la región de Egipto. El faraón dejó ir a los israelitas definitivamente - fueron salvados, liberados tanto de la esclavitud política, como de la esclavitud espiritual, ya que a los Judíos no se les permitía venerar a Dios como el lo ordenaba. Por consiguiente, Dios instituyó la Pascua de los Judíos como una conmemoración anual para recordar a los Judíos que Dios los llevo de la esclavitud a la libertad. En el Antiguo Testamento, Dios enseñó a su pueblo cómo venerarlo a través de la representación ritual de la Pascua de los Judíos.[16]

Y en el Nuevo Testamento, Dios mismo cumpliría el significado de la Pascua de los Judíos trayéndolo a su terminación en la nueva Pascua: la pasión, muerte, y resurrección de Cristo Jesús.[17] Leemos en la Sagrada Escritura que durante la cena de Pascua,

> El Señor Jesús en la noche que fue traicionado tomó pan, dio gracias, lo partió a sus discípulos, y dijo, "Éste es mi Cuerpo que es entregado por ustedes. Hagan esto en memoria mía." De la misma manera tomó el cáliz, después de la cena, diciendo, "Este es el cáliz de la nueva alianza en mi Sangre. Hagan esto, tan a menudo como lo beban, en memoria mía'.[18]

La cena de Pascua de los Judíos se ha cumplido ahora. En

---

15 5ff de Éxodo
16 Éxodo 12
17 *El catecismo, 1340.*
18 Cor. 11: 23-25

el Antiguo Testamento, los judíos sacrificaron el cordero de Pascua. Comieron la carne del cordero y su sangre los salvó de la esclavitud política y espiritual. En el Nuevo Testamento, Jesús se sacrificó así mismo como "El cordero de Dios que quita los pecados del mundo."[19] El nos ofrece su carne para comer y su sangre nos libera de la esclavitud espiritual del pecado. En el Antiguo Testamento, Dios enseñó a su pueblo cómo venerarlo a través de la representación de la Pascua de los Judíos. En el Nuevo Testamento, el hijo de Dios ordenó a sus apóstoles que veneraran al Padre a través de la representación del Sagrado Sacrificio de la Misa. La Misa representa y hace presente el sacrificio perfecto de Cristo en el Calvario, que dio Gloria al Padre y la redención a la humanidad. Durante 2000 años ahora, la iglesia ha seguido fielmente el mandato del Señor de "Hagan esto en memoria mía." [20] Cristo demuestra la forma y el modelo de la adoración perfecta, la clase de adoración que es agradable al Padre. Esta lección concluye con nuestro material de fondo de la Misa. En las siguientes lecciones, empezaremos a mirar este modelo de la adoración que Dios estableció para nosotros seguir.

---

19 Cf.. Juan 1: 29
20 *El catecismo, 1341-1344.*

5
Introibo Ad Altare Dei

Acabamos de concluir nuestro material de introducción a la Misa. Reconocimos que Cristo Jesús cumplió el ritual de Pascua de los Judíos del Antiguo Testamento con su sacrificio, que instituyó en la Última Cena, la primera Misa. Ahora, empezamos la tarea más larga y más ardua de revisar este ritual establecido por nuestro Señor y desarrollado por su iglesia. Es esencial notar que el corazón de la Misa, la consagración del pan y el vino en el cuerpo y la sangre, alma y divinidad de Cristo, fue demostrado por nuestro Señor y dado a su iglesia. Este acto es manifiestamente atribuido a nuestro Señor. El resto de la Misa se desarrolló orgánicamente en la medida en que el Espíritu Santo ha inspirado a la iglesia a través de los siglos. Descubriremos que cada ritual, actividad, postura, y respuestas están llenos de significado según la Sagrada Escritura y la Sagrada tradición. Por lo tanto, el propósito de estas enseñanzas es revelar el significado más profundo dentro de cada acción de la Misa.

Antes de que el Santo Sacrificio de la Misa comience, el celebrante y los Ministros deben primero entrar en el santuario. Este ritual es conocido como la procesión de entrada y está acompañada del canto inicial, el cual prepara a los fieles para unir sus mentes y corazones a la adoración de Dios. Esta es la primera de las dos procesiones importantes en la Misa. (Después, revisaremos la segunda procesión: cuando los fieles procesan adelante para recibir la Sagrada Comunión. La procesión con las ofrendas del pan y el vino también podrían ser incluidas como parte importante del ofertorio.) La procesión de entrada incluye al celebrante, un obispo o un sacerdote, los sacerdotes que concelebran, diáconos (si no hay diácono, un lector puede llevar el libro de los evangelios en la procesión de entrada), y los servidores del altar. ¿Cuál es el significado de esta procesión? La procesión de entrada representa la peregrinación terrenal de Nuestro Señor a Jerusalén. Cuando Jesús llegó a Jerusalén, procesó por las calles sobre un burro en medio de los gritos de gozo y victoria de la multitud que lo esperaba con ramas de palma y que le dio la bienvenida con canto.[21] Una vez al año, recordamos litúrgicamente este evento en el Domingo de Ramos.[22] En una semana, esta misma multitud exigió la crucifixión y la muerte de su Rey.[23] Y así Cristo entraría en el santuario del Calvario llevando una corona de espinas para entronarlo sobre la cruz. Desde la cruz, nuestro Señor y Rey fue victorioso cuando venció el pecado, conquistó la muerte, y redimió la humanidad. Así que por siglos, el sacerdote llegando a los escalones del santuario recita el salmo 42 al mismo tiempo que el monaguillo: "Introibo ad altare Dei." "Ad Deum qui laetificat iuventutem meam."[24] Nuestro Señor y Rey estas a punto de entrar en el santuario para derrotar el mal, el pecado, y otra vez a Satanás. ¡La procesión de entrada es un momento de júbilo y victoria, pues nuestra salvación está cerca!

Al entrar en el santuario, el sacerdote y los Ministros hacen una genuflexión al Santísimo Sacramento que se encuentra en el tabernáculo (si el tabernáculo está ubicado en el santuario o si no hacen una profunda reverencia al altar).[25] El celebrante, los sacerdotes que concelebran, y diáconos luego reverencian el altar con un beso. El altar, que toma la importancia central en el santuario, ha sido considerado la señal más grande de Cristo, cuyo propio cuerpo se hizo el altar sobre el que

---

21 21: 1-10 de Mateo; manche 11: 1-10; 19: 29-38 de Lucas; 12: 12-19 de Juan
22 El domingo de palmera mancha el principio de la Semana Santa; una semana antes del Domingo de Pascua.
23 Mateo 27: 22
24 "Me iré al altar de Dios." "A Dios, que da el júbilo a mi joven."
25 *La instrucción general del Missal romano (GIRM), 274; 49.*

15

se sacrificaría siempre al Padre. Son el punto central de la Santa Misa y la coyuntura entre cielo y tierra, el tiempo y la eternidad. El altar es consagrado con el Santo Crisma y usualmente contiene reliquia de un santo.[26] Las reliquias en el altar tienen un doble significado: 1) muchos altares fueron levantados sobre las tumbas de Cristianos en las catacumbas, durante la vida temprana de la iglesia y 2) la Misa une el sacrificio de la vida de un mártir con el sacrificio de Cristo en la Santa Misa. Debido a su precedencia, el altar pede ser incensado por primera vez (otras tres veces puede ser usado durante toda la Misa).[27] El aroma dulce del incienso prepara el altar para el sacrificio y puede ser usado en cualquier Misa. De todas las ceremonias simbólicas en la Misa, el uso de incienso es quizás el ritual más antiguo y el más extendido, históricamente encontrado en ceremonias Judías, Griegas, y Romanas. También es mencionado exhaustivamente en la Sagrada Escritura, especialmente en la referencia a la adoración de Dios.

Ahora que el celebrante ha subido los peldaños del santuario de Jerusalén, ha reverenciado el altar con un beso y lo ha incensado, la Misa está lista para comenzar.

---

26 GIRM, 296; 302.
27 GIRM, 49; 276.

6
Dominus Vobiscum

El ritual de la Misa está dividido en dos partes distintas: la liturgia de Palabra y la liturgia de la Eucaristía. Cada uno de éstos está subdividido en partes más pequeñas llamadas rituales o en versión abreviada, "Ritos." Ya que el Sacrificio Sagrado de la Misa tiene una estructura y un carácter que es universal y formal, el celebrante solamente debe seguir las instrucciones del ritual: leer las oraciones y llevar a cabo las acciones indicadas en el Misal Romano.[28] Como dijimos antes, el seguir el ritual sagrado da libertad tanto al celebrante como a los feligreses para participar en la Misa. Así que la Santa Misa empieza con un ritual corto conocido como "Ritos de Introducción", el cual incluye la señal de la cruz, el saludo formal, el "Rito de Penitencia", el Gloria, y la oración colecta u oración de apertura. El propósito de estos "Ritos de Introducción" es llevarnos hacia la oración y preparar nuestros corazones y mentes a escuchar a Dios y a participar en su sacrificio.[29] En nuestra última enseñanza, seguimos al celebrante mientras procesó hacia el Santuario, reverenció el altar con un beso y lo incensó. El celebrante llega a la silla. Y ahí comienza la Santa Misa.

Note que el Sagrado Sacrificio de la Misa no empieza con un saludo informal por parte de un lector o cantor, dando la bienvenida a las personas a la parroquia. La Misa no empieza con "Buenos días" o "Usted vio el partido anoche?". O ¡"Que bonito clima que estamos teniendo!" O algún otro comentario del celebrante. Por el contrario la Santa Misa comienza "En el nombre del Padre, del Hijo y del Espíritu Santo". Empezamos la Misa mientras que toda oración: se dirige a Dios, saludando

---

28 Cf.. *Redemptionis Sacramentum, 11.*
29 Cf.. GIRM, 46.

a la Santísima Trinidad, a través de quien y por quien la Misa es celebrada. La señal de la cruz señala el inicio de la Misa así como el final de la Misa con la bendición final. Aunque el ritual de la Misa es dividido en partes, es "Un solo acto de adoración".[30] Y así, desde el principio hasta el final el Santo Sacrificio de la Misa es consumado "En el nombre" de Dios; es Opus Dei, el trabajo de Dios, al que entramos cuando empezamos la Misa.

Comenzar con la señal de la cruz nos recuerda que adquirimos acceso al Padre en virtud de nuestro bautismo: fuimos introducidos en la cruz cuando la señal de la cruz fue hecha sobre nuestras frentes y el agua bendita fue vertida sobre nuestra cabeza tres veces en nombre de cada una de las personas de la Santísima Trinidad. El bautismo nos consagra como hijas e hijos adoptivos del Padre celestial que puede ahora entrar en los misterios de salvación del Hijo alcanzados por nosotros. La señal de la cruz es usada durante toda la Misa para bendecir y consagrar, porque es por el poder de la cruz de Cristo que nuestra redención fue ganada y nuestra santificación ha sido completada.

Luego de la señal de la cruz, el celebrante da la bienvenida a los feligreses, no con sus propias palabras, sino con las palabras tomadas de la Sagrada Escritura, encontradas en las epístolas de San Pablo. Hay tres alternativas para el sacerdote: "La gracia de nuestro Señor Jesucristo, el amor de Dios y la presencia del Espíritu Santo esté con todos ustedes" o "La gracia y la paz de Dios Padre y el Señor Jesús estén con ustedes" o sólo, "El Señor esté con Ustedes" [Dominus Vobiscum]. Solamente el Obispo dice, "La paz este con ustedes" [Pax Vobiscum] en virtud de su posición como vicario de Cristo, recordando las palabras inaugurales de nuestro Señor para sus apóstoles después de su resurrección.[31]

---

30 *Sacrosanctum Concilium, 56.*
31 Juan 20: 19-23

Los feligreses responden, "Y con tu espiritu." [Et cum spiritu tuo] Este intercambio entre el celebrante y los feligreses completa el primer diálogo de la Misa, expresando la conversación recíproca entre Cristo, la cabeza, y la Iglesia, su cuerpo místico. En nuestra próxima consideración, terminaremos nuestra discusión de los "Ritos de introducción" revisando el "Rito de penitencia."

7
Kyrie Eleison

Ya empezamos nuestra discusión de los ritos de introducción al Santo Sacrificio de la Misa. Hablamos de la procesión de entrada, la incensación del altar, la señal de la cruz, y el saludo formal del celebrante. Continuamos nuestra discusión de los ritos de introducción revisando el "Rito de penitencia." Y mientras entramos en esta discusión del rito penitente, descubrimos que estamos en medio de una conversación sobre la oración.

Tal y como mencionamos anteriormente, de principio a fin, la Misa es una oración - a decir verdad, es el acto más alto de oración conocido por la humanidad, ya que la Misa es la adoración del hijo de Dios al Padre. Como miembros del cuerpo místico de Cristo, la Iglesia, participamos en su adoración perfecta. La Misa por lo tanto nos enseña cómo orar, nos educa en el lenguaje y la gramática de la oración. Y la primera lección de oración, el movimiento principal de la Misa, es uno de humildad. En imitación de Cristo, el hijo de Dios que se humilló para hacerse hombre, que se humilló para cargar sobre sí nuestros pecados, que se humilló para sufrir su pasión, crucifixión, y muerte por nosotros, debemos humillarnos a nosotros mismos. Así, la Iglesia busca imitar la humildad de Cristo reconociendo primero nuestros pecados y reconociendo el hecho de que somos pecadores en gran necesidad de la abundante misericordia de Dios. Debemos primero reconocer que estamos vacíos, antes que podamos ser llenados. Por lo tanto, el celebrante nos invita a hacer una pausa, a que revisemos nuestra conciencia en silencio, y pidamos la piedad y el perdón de Dios.

Durante este breve momento de silencio al comienzo de la Santa Misa, podríamos preguntarnos en qué debemos pensar:

en lo que hice anoche o en el niño que está afectando mi paz o qué voy comer de desayuno después de la Misa? Durante estos preciados momentos, debemos revisar nuestra conciencia, recordando pecados individuales. Sobre todo, tenemos que ser conscientes de nuestra total necesidad de perdón y misericordia para los pecados que hemos cometido y el bien que hemos omitido, el cual podríamos haber olvidado. Es un momento para preparar nuestras almas para abandonar nuestros viejos hábitos de pecado y buscar la gracia y la piedad que Dios ha preparado para nosotros al recibir su Cuerpo y Sangre en la Sagrada Comunión. Si tenemos conciencia de haber cometido pecado mortal, debemos decidir ir al sacramento de la penitencia lo antes posible y abstenerse de recibir la Sagrada Comunión. Aunque el rito de penitencia no concede la absolución para los pecados mortales, nos ayuda para que recibamos el perdón para nuestros pecados menos graves, pecados veniales, que son perdonados cuando recibimos la Sagrada Comunión con humildad y amor.[32]

Después de unos momentos de silencio, el celebrante puede empezar una oración, conocida por su primera palabra en el Latín, el Confiteor: "Confieso ante Dios todopoderoso..." De otra manera, puede hacer una de dos otras oraciones opcionales que piden, "Señor, ten piedad." Cuando rezamos el Confiteor en comunidad, confesamos que somos culpables de pecados de pensamiento, palabra, y omisión. Luego, pedimos la intercesión de "Santa María, siempre Virgen", que fue concebida sin pecado y que permaneció sin pecado durante toda su vida, de los ángeles que pelean con Satanás y derrotan el mal, de los santos que eran pecadores como nosotros, pero cooperaron con la gracia y misericordia de Dios para derrotar su propia pecaminosidad y perseveraron en la santidad de la vida, y finalmente, de los miembros de la iglesia militante (la iglesia peregrina sobre la tierra), "Ustedes, hermanos, que

32 GIRM, 51.

intercedan por mi ante Dios nuestro Señor." El celebrante termina esta oración con una oración que pide la misericordia de Dios, busca el perdón, y nos lleva a cielo.

Finalmente, el Rito de Penitencia puede cerrar con la antigua letanía compuesta de tres partes: Kyrie eleison, Christe eleison, Kyrie eleison ("Señor ten piedad, Cristo ten piedad, Señor ten piedad"). Esta letanía de piedad es el único vestigio sobreviviente de la lengua griega que ha quedado en el Rito Latín de la Iglesia Católica. Si la Misa es ofrecida en Griego, Latín, Ingles, Español, o Alemán esta oración griega puede ser recitada por el celebrante o el diácono, o puede ser cantado por el celebrante, el diácono, o cantor. Esta fórmula, "Señor, ten piedad" viene en realidad directamente del Evangelio. ¡A menudo una gran sanación por Cristo es precedida por el llamado humilde de un mendigo, "Hijo de David, ten piedad de mí!"[33] Es así precisamente como nos encontramos al principio de la Misa: pobres mendigos en necesidad de la piedad de Dios. Y es por eso que nos acercamos al trono de nuestro Padre Celestial con humildad desde el mismo comienzo. Ahora que hemos reconocido nuestra pecaminosidad ante Dios y nuestro vecino, cantamos el himno bíblico de alabanza, conocido por su primera palabra en Latín, El Gloria.

---

33 Cf.. Manche 10: 46-52; Mateo 15:21ff; 17: 13 de Lucas

8
Gloria en Deo de excelsis

Mencionamos anteriormente que la Misa es la mayor oración de la iglesia. Por ser el acto más grande de oración, la Misa nos enseña cómo orar. El primer movimiento del corazón en la oración es la humildad y por tanto entramos en la Misa trayendo primero a nuestra mente nuestros pecados y luego pidiendo la Misericordia Divina de Dios en el rito penitente. Solamente entonces, solamente después de reconocer nuestra necesidad de perdón y solamente después de reconocer la misericordia abundante que Dios proporciona a nuestra necesidad, podemos cantar con júbilo el himno antiguo del Gloria. Así, Misa nos enseña que la oración comienza con la humildad y se traslada a la alabanza y adoración a Dios: después del Rito de Penitencia sigue el Gloria.

Mirando de cerca, descubriremos que no hay ni una palabra en el Gloria que no se encuentre también en las Sagradas Escrituras, en las cartas de San Pablo o en los escritos de San Juan. El Gloria es uno de los himnos Cristianos más antiguo. El registro de los primeros Cristianos, que datan desde el comienzo del siglo II, mencionan el canto del himno angelical, conocido como el Gloria en Deo de excelsis ("Gloria a Dios en las alturas") antes del Sacrificio de la Misa.[34] Desde el comienzo, cantar el Gloria era particularmente apropiado durante la temporada de Navidad, ya que las palabras iniciales del himno fueron cantadas por los ángeles después del nacimiento de Nuestro Señor. Otras evidencias, muestran que al Gloria se le dio mayor amplitud para ser cantado en las Misas del Domingo durante todo el año, pero solo cuando el

---

34 Charles Belmonte, comprendiendo la mole (Princeton, NJ: editores de cetro, 1989), 61; Adrian Fortesque, la mole: un estudio de la liturgia romana (Fitzwilliam, NH: publicaciones de Loreto, 2003), 241.

Obispo ofrecía el Sacrificio. Fue casi hasta el siglo XII que el Gloria fue extendido a la Misa de todos los Domingos ofrecida tanto por sacerdotes, como por obispos.[35] El Gloria está compuesta de tres partes principales y hace referencia a las tres personas de la Santísima Trinidad. La primera sección alaba al Padre, empezando con las palabras de los ángeles a los pastores después del nacimiento de nuestro Señor: Gloria a Dios en las alturas y paz a su pueblo sobre la tierra. El himno continúa alabando al Padre: Señor Dios, Rey celestial, Dios Padre todopoderoso; te alabamos, te bendecimos, te adoramos, te damos gracias por tu Gloria. En otras partes de la Misa, agradecemos y alabamos a Dios por lo que El ha hecho. Pero aquí en el Gloria, agradecemos a Dios por lo que es El, no por lo que hace. La segunda sección del Gloria está dirigida al Hijo eterno de Dios: Señor Jesucristo, hijo único del Padre, Señor Dios, cordero de Dios, tu que quitas el pecado del mundo: ten piedad de nosotros; tu que estas sentado a la derecha del Padre: "Recibe nuestra oración". Otra vez, alabamos al Hijo de Dios, en primer lugar por quien es El, luego por lo que ha realizado. Solamente después de reconocer la identidad divina del hijo podemos hacerle la petición "Recibe nuestra oración.". El himno entra en su mayor altura y luego llega a su terminación cuando nos trasladamos a la tercera sección que hace referencia al Espíritu Santo: Solo tú eres Santo, solo tu Señor, solo tu altísimo Jesucristo, con el Espíritu Santo en la Gloria de Dios Padre. Amen. Así termina el himno de alabanza y adoración de la Santísima Trinidad. Es importante notar que no cantamos el Gloria durante las dos temporadas penitentes de la Iglesia durante el año – Adviento y Cuaresma- como preparación para la Navidad y la Pascua.

Después del Gloria, los ritos de introducción de la Misa llegan a su cumbre en la Petición de Apertura u oración. Después de que nos hemos acercado a Dios Padre con

---

35 *El montón, 242-243.*

humildad para pedir su piedad y alabarlo por su Gloria, nos acercamos ahora en petición o súplica. El celebrante, hablando en nombre la Iglesia, ofrece las intenciones del sacrificio del día. El empieza, "Oremos", invitando a la Iglesia a que se una a él para hacer una petición al Señor. Hay un breve momento de silencio para darnos la oportunidad de recoger nuestras peticiones e intenciones. El celebrante extiende sus manos en la oración, conocido como la posición de oración, típica postura de oración para los primeros Cristianos o para aquellos que hacen petición o súplica. La oración puede expresar un atributo o característica del santo que es honrado en un día de fiesta especial, expresar el tono de una estación litúrgica especial, o simplemente unir varias peticiones al Santo Sacrifico de la Misa. Los fieles participan en esta oración respondiendo "Amen", que significa "Así sea." Es un asentimiento a todo que ha sido realizado en los ritos de introducción de la Misa: desde la humildad, a la alabanza y por último, a la petición, que hacemos a través de la intercesión de nuestro Señor Jesucristo en unión con el Espíritu Santo. Ahora, vamos a empezar a examinar la Liturgia de la Palabra.

9
Fundamento Espiritual para la Liturgia de la Palabra

Hemos estado viendo los Ritos de Introducción de la Misa. Descubrimos que la mayor forma de oración es la Misa, ella nos enseña cómo orar. El Santo Sacrificio de la Misa empieza con el Rito de Penitencia, el cual nos da la oportunidad de confesar nuestra necesidad de la abundante misericordia de Dios. De la misma manera, la oración empieza con el reconocimiento humilde de nuestra insuficiencia ante la presencia de Dios. Después de reconocer nuestra pecaminosidad y la misericordia abundante de Dios, somos llevados alabar y adorar la Santísima Trinidad con el himno antiguo, conocido como el Gloria. De la misma manera, la oración se mueve de humildad y arrepentimiento a la alabanza y adoración. Finalmente, los Ritos de Introducción de la Misa llegan a su culminación y se completan con la Ofrenda de Apertura o la Oración. El celebrante toma las peticiones y las intercesiones del sacrificio y suplica al Padre a través del Hijo en el Espíritu Santo. La oración, como la Santa Misa, se mueve de alabanza y adoración a petición e intercesión. Hasta ahora, los Ritos de Introducción nos enseñan que la oración tiene la siguiente forma: humildad y arrepentimiento, alabanza y adoración, petición e intercesión. Pero todavía hay un componente adicional a la oración que va más allá de lo que ya hemos logrado. Debemos escuchar la voz del Señor. Debemos estar abiertos a la Palabra de Dios. La oración, también, se hace más receptiva y meditativa cuando escuchamos la voz de Dios. Así, la Misa se mueve de los Ritos de Introducción a la Liturgia de la Palabra. La congregación se sienta para escuchar con atención mientras Dios instruye a su pueblo. Quizás la enseñanza teológicamente más relevante sobre el

Santo Sacrificio de la Misa, la Mediator Dei, escrito por el Papa Pío XII en 1947, explica el encuentro con Cristo en la Liturgia de la Palabra:

> En la Sagrada Liturgia, Cristo es presentado a nosotros en todas las circunstancias de su vida, como la Palabra del Padre eterno, como el nacido de la Virgen Madre de Dios, como quien nos enseña la verdad, sana al enfermo, consuela al afligido, como quien soporta el sufrimiento y muere; finalmente, como el que se levantó triunfante de entre los muertos, y quien reinando en la Gloria del cielo, nos envía al Paráclito sagrado, y como quien permanece en la su iglesia para siempre …. La liturgia nos muestra a Cristo no solo como el modelo a imitar sino como al Maestro a quien debemos escuchar prontamente, como al Pastor a quien debemos seguir, como el Autor de nuestra salvación, como la fuente de nuestra santidad y como la cabeza del Cuerpo Místico del cual somos miembros, viviendo por su propia vida…. Por lo tanto, el año litúrgico, promovido con devoción y acompañado por la iglesia, no es una representación fría y sin vida de los eventos del pasado, o un registro simple y desnudo de una época antigua. Es por el contrario el mismo Cristo, quien vive por siempre en su iglesia.[36]

En otras palabras, el Papa Pío XII enseña que la Liturgia de la Palabra no es una simple narración de eventos históricos; no es simplemente lectura formal de textos sagrados; no es un pintoresco recuerdo de nuestro pasado; por el contrario, es la recapitulación de la obra de salvación de Nuestro Señor. A través de la proclamación fiel de la historia de salvación encontrada en la Sagrada Escritura, adquirimos el acceso a los

---

36 *Mediador Dei, 151-153; 163-165.*

misterios de salvación de nuestra fe. Los eventos del pasado son traídos al presente. Los misterios de la vida de Nuestro Señor son traídos a la luz hoy para continuar y cumplir la obra de salvación en cada generación. Cristo continúa su actividad redentora, su misión de enseñar la verdad que nos hace libres. Como sus discípulos actuales, tenemos un lugar privilegiado de honor de permanecer a los pies del Señor, escuchándole a El, escuchando la voz del buen pastor que nos lleva a la vida eterna. "A quién iremos; solo tú tienes palabras de vida eterna."[37] Como San Juan Eudes escribió, "Debemos continuar cumpliendo en nosotros las estaciones de la vida de Jesús y sus misterios, y suplicarle los perfeccione y realice en nosotros y en toda su Iglesia."[38] La próxima vez revisaremos cómo los misterios divinos son revelados mientras vemos la estructura de la Liturgia de la Palabra.

---

37 Juan 6: 68
38 *Liturgia de las horas, la el viernes, 33 de semana*

10
Estructura de la Liturgia de la Palabra

Hemos demostrado que el Santo Sacrificio de la Misa enseña cómo orar. De acuerdo con la estructura de la Misa, la oración tiene la siguiente forma: la humildad y el arrepentimiento, la alabanza y la adoración, y la petición y la intercesión. Estos aspectos de la oración involucran nuestro trabajo particularmente, es decir hablamos a Dios. Pero quizás, mas importante que nuestras palabras, nuestra necesidad de dirigirnos a nuestro Padre celestial, es su deseo de hablarnos, de revelar su voluntad, su plan divino, de ser él. Y así que tanto en la oración como en el sacrificio sagrado de la Misa, que es la forma más alta de oración, debemos escuchar la voz del Señor. Estamos sentados para escuchar atentamente la voz del buen pastor que nos guía hacia la vida eterna; debemos estar abiertos a nuestro Señor, que es llamado "Rabino", al gran Maestro, que dijo, "Yo soy el Camino, la Verdad y la Vida", porque es La Palabra eterna del Padre eterno.

Algunas lecciones atrás, hablamos de la Santa Misa como un ritual sagrado, cuyas partes y oraciones son escogidas, motivadas, y pasadas fielmente a través de los siglos. En otras palabras, las lecturas seleccionadas en la Misa son parte de este plan divino de la revelación, así a través de las diferentes temporadas litúrgicas del año de la iglesia, los misterios del nacimiento de Cristo, su vida, sus enseñanzas y milagros, y finalmente pasión, muerte, y resurrección son desarrollados cada año. De semana a semana, la vida de nuestro Señor es descubierta, revelada una y otra vez para que nosotros podamos penetrar estos misterios y recibir los frutos y gracias de esos misterios.

Debido a que estas lecturas son preseleccionadas y dadas a nosotros, no están sujetas al capricho del celebrante. Las lecturas mantienen el carácter universal de la iglesia - no importa qué Iglesia Católica Romana usted asista: el país, la lengua, las costumbres locales, etcétera. Las mismas lecturas son dadas en todo lado alrededor del mundo. El celebrante no tiene la autoridad o la libertad para seleccionar sus lecturas favoritas o para descartar sus menos favoritas. Los fieles católicos tienen el privilegio y el derecho de escuchar la voz de Dios hablándonos en cada lectura.

Por consiguiente, la iglesia nos ofrece un ciclo de tres años de las lecturas para las Misas del Domingo y un ciclo de dos años para las Misas de la semana. Cuando usted asiste a la Misa todas las semanas, casi el canon completo de la Sagrada Escritura, casi toda la Biblia, es proclamada cada tres años. Y si usted asiste a la Misa todos los días, usted escuchará casi el canon completo de la Sagrada Escritura cada dos años. Las lecturas del Domingo siguen un ciclo muy simple de tres años: el año "A" se concentra en el Evangelio de San Mateo, el año "B" se enfoca en el Evangelio de Marcos, y el año "C", en el Evangelio de San Lucas. Estos tres Evangelios son muy similares en estructura y contenido y son conocidos como los Evangelios sinópticos. Como el Evangelio de San Juan contiene el material que no se encuentra en estos tres evangelios, El evangelio de Juan es proclamado durante tiempos y estaciones específicas del año y en fiestas específicas, como la Navidad y la Pascua.

En los Domingos y otros días de fiesta solemnes, se dan tres lecturas. La primera lectura viene a menudo del Antiguo Testamento y es seleccionada para mostrar los cimientos del Evangelio en el Antiguo Testamento. El Antiguo Testamento anuncia al Nuevo Testamento. El Nuevo Testamento completa el Antiguo Testamento. En las palabras de Arzobispo Fulton Sheen aludiendo a las palabras inmemoriales de San Agustín: "El Nuevo está oculto en el Antiguo, el Antiguo es revelado en el Nuevo; el Nuevo está contenido en el Antiguo el Antiguo es explicado en el Nuevo.[39] Por lo tanto, el Domingo, la primera lectura establece una esperanza que es cumplida en el Evangelio. La primera lectura y el Evangelio encajan juntos. El salmo es escogido entre los 150 salmos del Antiguo Testamento. La segunda lectura viene de una de una de las epístolas del Nuevo Testamento, o de una carta de alguno de los apóstoles. Durante todo el año, escuchamos los relatos inspirados de San Pablo, San Pedro, Santiago o algunos otros. A menudo, la segunda lección no sigue el patrón establecido por la primera lectura y por el Evangelio, pero dan instrucción específica en el vivir de la vida del Cristiano. La próxima consideración dará un examen más cercano de la Liturgia de la Palabra.

.

---

39 Arzobispo Fulton Sheen, la vida es vida de Worth, serie de casete de Cateque-sis "La escritura sagrada"

11
Deo Gratias

Mencionamos la semana pasada que la Liturgia de la Palabra nos da la oportunidad de escuchar la voz del Buen Pastor, quien todavía guía su Iglesia desde su trono en cielo. En cada Misa, la Palabra eterna del Padre eterno revela el misterio de nuestra redención desde el Antiguo Testamento al Nuevo Testamento hasta el día de hoy. El constantemente Revela el plan divino de nuestra salvación. Y en la última lección continuamos nuestro examen de la Liturgia de la Palabra siguiendo esta revelación desde nuestra primera lectura del Antiguo Testamento, el Salmo Responsorial, la epístola del Nuevo Testamento, y finalmente el Santo Evangelio. Continuemos nuestra discusión inspeccionando la homilía o el sermón que sigue a la lectura del Evangelio.

Al final de cada una de las lecturas de la Sagrada Escritura, hay un ritual que indica que la lectura ha terminado. El Lector declara, "Palabra del Señor" [Verbum Domini] y respondemos, "Te alabamos Señor" [Deo Gratias]. Es realmente apropiado que este ritual siga al relato y la narración de los eventos de la Historia de Salvación encontrada en la Escritura. Verdaderamente, nuestras almas y nuestras mentes deben responder con gran gozo a la proclamación de la Sagrada Escritura en gratitud y acción de gracias por lo que Dios ha hecho principalmente a través de su amado Hijo. Toda la Sagrada Escritura es buena noticia para nosotros quienes estamos en necesidad de la abundante misericordia y amor de Dios. La liturgia de la Palabra alcanza su cumbre en la proclamación del Santo Evangelio, marcado por el uso de incienso (ahora la segunda incensación de la Misa), el canto gozoso del Aleluya (que en sí es un grito de alabanza a la Resurrección y la victoria del Señor), y todos están de pie en atención, a las palabras y

ENTENDIENDO EL MISTERIO DE LA MISA

hechos de nuestro Señor que están a punto de ser habladas en uno de los cuatro Evangelios inspirados. Luego de esta lectura, se hace otro Ritual de respuesta, "El Evangelio del Señor" [Verbum Domini], "Gloria a ti Señor Jesús," [Laus tibi Christe]. Una vez más los fieles se sientan.

Hasta ahora, la Misa ha mantenido un ritual estricto, incluyendo los rituales responsoriales en la conclusión de cada lectura. Pero aquí, el celebrante se sale de una estructura formal para explicar, enseñar e inspirar. En otras palabras, después del Evangelio, la homilía o sermón es la primera respuesta sin estructura del hombre a la actividad de Dios en la historia de Salvación. Así, la homilía prolonga nuestra respuesta a las lecturas; la homilía es un ampliado Deo Gratias por lo que Dios ha realizado y continúa realizando al traer nuestra salvación. Es importante notar que solamente aquellos con Ordenes Sagradas, diáconos, sacerdotes, y obispos, pueden proclamar el Santo Evangelio y predicar durante el Santo Sacrificio de la Misa.[40] ¿Por qué? No sólo estos hombres reciben muchos años de formación teológica, sino que son oficialmente consagrados por la Santa Madre Iglesia para predicar en el nombre de Cristo: ellos no están para dar sus opiniones personales y visión, sino que ellos son designados por la iglesia para hablar en su nombre como un instrumento de Cristo.[41]

Como ya mencionamos, el celebrante puede dar una homilía o un sermón. Hay una pequeña diferencia entre los dos: una homilía se concentra en las interpretaciones de la Sagrada Escritura en general, mientras que un sermón generalmente se concentra en un asunto especial o tema, como un sermón sobre los "Siete Pecados capitales " o un sermón sobre la

---

40 GIRM, 66; Redemptionis Sacramentum, 64-66.
41 *RS, 67: "Está claro que todas las interpretaciones de la escritura sagrada son para referirse a Cristo mismo como sobre quién la economía entera de la salvación engozna, aunque esto debe ser hecho teniendo en cuenta el contexto específico de la fiesta litúrgica."*

33

"Caridad.".. Es también importante notar la diferencia entre el predicar y enseñar. El propósito de la predica es incrementar la fe, mientras que el propósito de la enseñanza es incrementar conocimientos. El propósito final de la homilía o sermón es incrementar la fe, aunque elementos de catequesis pueden ser incluidos para lograr ese objetivo. Desafortunadamente, una de las dificultades de predicar en nuestro mundo de hoy, es la expectativa irrazonable de la homilía. Podríamos esperar que la homilía nos suministre una dosis semanal de la fe católica y la vida: historia, teología, filosofía, espiritualidad, liturgia, la moral, el análisis de la Sagrada Escritura, etcétera. ¡Queremos que nos entretenga y se termine en cinco minutos o menos! Nunca olvidaré un lema Dominicano: "Una homilía no puede cubrir todo." Deo Gratias! Gracias a Dios! La siguiente lección concluirá nuestro debate sobre la Liturgia de La Palabra mientras echamos un vistazo a la profesión de fe y a las intercesiones generales.

12
Credo

En la Liturgia de la Palabra, Cristo El Gran Maestro y Buen Pastor nos enseña a través de la proclamación fiel de la Escritura. Los eventos de la historia de Salvación son desarrollados desde la promesa en el Antiguo Testamento de un Mesías hasta el cumplimiento en el Nuevo Testamento en Cristo Jesús, el Hijo de Dios. Luego de las lecciones especiales de la Sagrada Escritura, la homilía o sermón, es en donde el predicador inspira, apoya, y exhorta a los fieles a aplicar las verdades de la Escritura a sus vidas al buscar el Reino de Dios. La homilía o el sermón son, a decir verdad, una respuesta a las lecciones de la escritura presentadas en la Liturgia de la Palabra con el propósito de aumentar la fe. Como una extensión adicional de nuestra respuesta a la Palabra de Dios, la profesión de fe y las Intercesiones Generales terminan la liturgia de la Palabra y son el enfoque de esta catequesis sobre la Misa.

La profesión de la fe es también conocida como el credo (de la palabra en Latín, "Credo", que es "Yo Creo"). El credo es un resumen antiguo de las creencias Cristianas. Es un compendio de las verdades de la Sagrada Escritura. Es un hecho histórico que la profesión de fe no fue formulada originalmente para el uso en el Santo Sacrificio de la Misa. Por el contrario, la profesión de fe fue enmarcada en la Iglesia primitiva con un doble propósito: 1) Como una lista de las afirmaciones recitadas por el creyente antes de su bautismo, y 2) como un antídoto a la confusión y la duda causada por la herejía (las enseñanzas falsas) sobre Cristo y las cosas de la fe.[42] El credo de los apóstoles fue el primer y más conciso conjunto de creencias. Sin embargo, debido a la herejía endémica y

---

42 Fortesque, 285-286; Belmonte, 99.

la confusión teológica, los elementos de cada símbolo de fe fueron trabajados y se les dio explicación adicional. Así, la Iglesia usó el credo de los apóstoles como una base para la lista de las verdades en los concejos de Nicaea en 325, añadida al concejo de Constantinopla en 381, con la composición final en el concejo de Chalcedon en 451. Fue este símbolo más explícito de la fe que entró primero en la Misa durante el concejo de Toledo en España en 589: "Deje el credo resonar para que la fe verdadera pueda ser declarada en la canción, y que las almas de los creyentes, al aceptar esa fe, puedan estar listos para compartir, en la comunión, el Cuerpo y la Sangre de Cristo."[43] Desde España, la entrada del credo en la Misa se extendió a Europa Occidental, en donde fue colocado al final del Santo Evangelio.

Como el Gloria, la profesión de la fe puede ser distinguido en tres partes: 1) Una confesión de la fe en Dios Padre, como creador del cielo y la tierra; 2) Una confesión de la fe en un solo Señor, Jesucristo, el único Hijo de Dios; y 3) Una confesión de fe en el significado de la salvación, proporcionada por el Espíritu Santo a través de la Iglesia. Estas tres partes del credo se unen para formar un cuerpo de las verdades que fundan los cimientos de la fe cristiana ortodoxa (verdadera), y en última instancia, da testimonio de la historia maravillosa del amor redentor de Dios.

Y como una respuesta adicional a los eventos de salvación en la Escritura y en el reconocimiento del continuo trabajo de la salvación en el mundo entero, los fieles hablan en nombre de la iglesia intercediendo por las necesidades de la iglesia y el mundo. Es importante notar que las intercesiones generales son por definición "General", es decir hacen referencia a las necesidades amplias de la Iglesia universal y del mundo. Por definición, son también "Intercesiones" o peticiones, en vez de oraciones de acción de gracias o alabanzas. La iglesia

---

43 Belmonte, 100.

ordena la secuencia de las intercesiones: por las necesidades de la Iglesia, por las autoridades públicas y la salvación del mundo, por aquellos oprimidos por cualquier necesidad, y por la comunidad local, incluyendo los fieles difuntos.[44] Las intercesiones generales hacen el cierre de la Liturgia de la Palabra y traen a terminación nuestra respuesta verbal a la Palabra de Dios. Pero la Santa Misa no ha terminado. La Palabra debe una vez mas hacerse "Carne viva y permanecer entre nosotros." El único Sacrificio verdadero de Cristo Jesús, el sumo sacerdote, deben ser nuevamente presentados. Por lo tanto, la próxima lección iniciará la segunda parte de la Misa: la Liturgia de la Eucaristía.

---

44 GIRM, 70.

13
La Sinagoga y el Templo

Acabamos de terminar la primera de las dos partes principales de la Misa: la Liturgia de la Palabra. Antes de pasar a la segunda parte de la Misa, deberíamos revisar por un momento qué hemos aprendido en nuestro examen del Santo Sacrificio de la Misa.

Lo primero que descubrimos es que la Misa es la forma de oración más alta y más grande precisamente porque es la adoración perfecta de Dios Padre por el Hijo; la Misa es el sacrificio de sí mismo brindado por Cristo Jesús, el sumo sacerdote, hacia el Padre por nosotros. Como miembros del cuerpo místico de Cristo, participamos en la adoración perfecta al Padre. Su oración se hace nuestra oración. Por lo tanto, la Santa Misa nos enseña cómo orar, nos educa en lenguaje y la gramática de la oración, y nos suministra los elementos básicos de la oración.

Mientras inspeccionamos los Ritos de Introducción de la Misa, seguimos a través del Rito de Penitencia, el Kyrie Eleison, el Gloria, y finalmente, la ofrenda u oración de apertura. Aprendimos que la oración tenía la siguiente secuencia: humildad y arrepentimiento, alabanza y adoración, y petición e intercesión. Los ritos de introducción nos mueven a través de estos elementos de la oración. Pero también hay un elemento adicional y quizás más importante de la oración: receptividad y escuchar la voz de Dios. Por lo tanto, la Misa pasa directamente a la Liturgia de la Palabra, donde tenemos la oportunidad de escuchar la voz del buen pastor llevándonos hacia la eterna verdad y la vida. Vimos que la Liturgia de la Palabra incluye el Antiguo y el Nuevo Testamento, combina la base del Judaísmo con el cumplimiento del Cristianismo.

También aprendimos que la Liturgia de la Palabra nos

mueve a responder. La homilía o sermón dado por el obispo, sacerdote, o el diácono es la primera respuesta informal a la Palabra de Dios con el propósito de aumentar la fe. Luego, todos fieles responden profesando la fe de la Iglesia, que nos lleva a orar por la iglesia, por la salvación del mundo en las Intercesiones Generales. Estas oraciones concluyen la Liturgia de la Palabra.

Pero antes de pasar a la Liturgia de la Eucaristía, es muy importante notar el fundamento histórico y litúrgico de la Misa. La Misa no es simplemente invención o innovación Cristiana. El Nuevo Testamento se basa en el Antiguo Testamento. El árbol genealógico del Cristianismo tiene Judaísmo en sus raíces. La liturgia de la Palabra es el cumplimiento Cristiano de la sinagoga Judía. En la sinagoga, los judíos escuchan con atención la proclamación de la Sagrada Escritura, principalmente la Torah o la ley, y los profetas. El rabino luego interpreta y explica las Escrituras. Los primeros Cristianos, a decir verdad, asistían tanto a la sinagoga, como a la Santa Misa, hasta que se puso claro que el Cristianismo llevó acabo el Judaísmo y se hizo la Nueva Manera.

Así como la Liturgia de la Palabra es el cumplimiento de la Sinagoga Judía, así también la Liturgia de la Eucaristía es la satisfacción del templo Judío. En el templo de Jerusalén lo sacrificios de animales vivos eran ofrecidos a Dios por la humanidad. La sangre era derramada como un obsequio, una ofrenda, un sacrificio que representaba simbólicamente el sacrificio del hombre. La vida era ofrecida por vida, sangre por sangre, el sacrificio externo de un animal que representaba el sacrificio interno del hombre. Como descubrimos en el Antiguo Testamento, estos sacrificios de animales no podían quitar el pecado y ofrecer vida al hombre. Entonces, Dios envió a su propio Hijo al mundo. Como Dios, El ofreció el sacrificio verdadero y eterno de su vida al Padre; como hombre, ofreció su vida por nosotros. La vida fue ofrecida por vida, sangre por sangre, pero esta vez, el sacrificio de Cristo fue eficaz para salvar el mundo del mal, del pecado, y de la muerte. Así vemos que el Santo Sacrifico de la Misa une la Sinagoga Judía con el templo Judío, La Palabra de Dios con su obra de salvación, la Liturgia de la Palabra con la Liturgia de la Eucaristía. La siguiente presentación empezará a mirar la Liturgia de la Eucaristía mientras revisamos los tres movimientos principales: el ofertorio, la consagración, y la comunión.

14

El Ofertorio, la Consagración, y la Comunión

Cuando empezamos a revisar la liturgia de la Eucaristía, se nos recuerda que el drama de nuestra redención es logrado por Cristo en tres actos distintos: su pasión, muerte, y resurrección; Jueves Santo, el Viernes de Pasión, y Domingo de Resurrección; la Última Cena, la crucifixión, la muerte sobre la cruz, y la tumba vacía el Domingo de Pascua. Estos tres actos de nuestra redención componen lo que llamamos el Misterio de Pascual. Es el Santo Sacrifico de la Misa el que nos invita al Misterio Pascual y nos une con el significado de nuestra salvación.

Dentro de estos tres actos, la pasión, la muerte, y la resurrección, hay tres movimientos en la Misa que perpetúan los efectos de nuestra redención y los aplican a nuestras almas individuales. Estos tres movimientos llamados: ofertorio, consagración, y el recibimiento de la Sagrada Comunión, componen los tres movimientos principales de la Liturgia de la Eucaristía.[45] Estos tres movimientos juntos, nos unen al misterio de la cruz, continua dándonos nuestra salvación aplicando los frutos de nuestra redención hoy, y en última instancia, expresan el amor y misericordia de Dios por su pueblo. Revisemos por un momento estos tres movimientos principales.

El Ofertorio. Para poder aplicar los méritos de la redención a nuestras almas, cada uno de nosotros debe reanudar la muerte al pecado que fue provocada por Cristo en la cruz. Cristo murió una vez y por todos sobre la cruz hace 2000 años. En

---

45 N.B. A menudo el ofertorio es llamado "Preparativos del altar o las ofrendas" y la consagración es llamada "La oración de Eucaristía"

imitación a su sacrificio perfecto y en unión con la ofrenda de sí mismo al Padre, nosotros nos ofrecemos en unión con Cristo. En la Iglesia primitiva, esto era llevado acabo ofreciendo los mismos elementos que Cristo mismo ofreció en la Última Cena, llamados pan y vino. Un poco de cada uno era usado por el sacerdote para ofrecer el sacrificio. Hoy, sustituimos el dinero por estos elementos. Con el dinero donado se compran el pan y el vino sacrificados en la Misa; pero el dinero también nos representa a nosotros, ya que recibimos dinero como recompensa por nuestro trabajo, nuestro tiempo, y nuestro talento. El sacrificio material que hacemos es todavía un símbolo de nuestra incorporación espiritual en la muerte de Cristo. A través de la libre ofrenda de nosotros mismos a Dios en unión con Cristo encontramos la salvación.

La Consagración. El ofertorio nos lleva a la consagración. La consagración de la Misa no quiere decir que nuestro Señor muere otra vez, porque él no puede morir otra vez en su propia naturaleza humana individual. Sino que prolonga su muerte en nosotros. En el ofertorio nos presentamos a nosotros mismos para el sacrificio con Cristo; en la consagración morimos y resucitamos con él. Aplicamos su muerte a nosotros mismos para que podamos compartir su resurrección y su gloria. En la consagración, el sacrificio eterno de Cristo rompe la barrera del tiempo, el cielo baja sobre tierra, y el Emmanuel viene otra vez para encontrarse con el hombre. Por las palabras de Cristo hablando a través del sacerdote, el Espíritu Santo transforma la sustancia de pan y vino en la sustancia del Cuerpo, Sangre, alma y divinidad de Cristo. Esto es conocido como la transubstanciación (en Latín, significa "Cambiar en esencia").[46] Ésta no es solo una oración recitada, sino un acto divino que nos permite aplicar los méritos de la cruz a nosotros mismos; el sacrifico de Cristo de una sola vez y por todos es traído al presente y revivido en nosotros. ¿Por qué? El sacrificio

---

46 Cf.. *El Catecismo, 1376.*

es representado por mandamiento divino para recibirlo como alimentación espiritual y como un antídoto para el pecado y la muerte. Sagrada Comunión. En el ofertorio, somos como corderos llevados al matadero. En la consagración, somos los corderos matados en nuestra vieja identidad pecadora. Y en la Sagrada Comunión, descubrimos que no hemos muerto, sino que hemos venido a la vida. En cierto sentido, la sustancia de pan y vino debe ser sacrificada, debe morir, para que pueda hacerse el Cuerpo y la Sangre de Cristo. Del mismo modo, nuestros hábitos viejos de pecado deben también ser sacrificados para que podamos tener nueva vida en Cristo. Los químicos deben morir para que las plantas puedan vivir. Las plantas deber morir para que los animales puedan vivir. Los químicos, plantas, y animales deben morir, deben ser sacrificados, para que el hombre pueda vivir. Y nuestra vieja identidad pecadora debe morir para que Dios viva en nosotros. Por esto es que recibimos la Sagrada Comunión: recibimos a Cristo, recibimos la vida divina. Pero quizás más importante es que Cristo es el que nos recibe, incorporándonos en su vida divina. En la próxima consideración, empezaremos a revisar los rituales que nos llevan a la unión con Cristo.

15
El Primer Movimiento: El Ofertorio

L a vez pasada, recordamos que el Misterio Pascual, la pasión, muerte y resurrección de Cristo Jesús, era entregado a nosotros en cada Santa Misa en tres movimientos distintos: el ofertorio, la consagración, y la recepción de la Sagrada Comunión. Otra vez, descubrimos que estos tres movimientos juntos dan gloria a Dios y traen el cumplimiento de nuestra redención aplicando los frutos del regalo de la redención de Cristo a nuestras almas individuales. En esta lección, haremos un examen más cercano del ofertorio respondiendo a la pregunta: ¿qué está siendo ofrecido en el Santo Sacrifico de la Misa?

La Colecta. El primer movimiento litúrgico del ofertorio involucra la colecta. El sustentar las necesidades financieras del clero y las necesidades materiales de la iglesia es uno de los seis preceptos de la iglesia.[47] Pero más que una obligación, tenemos la oportunidad de participar en los esfuerzos misioneros de la iglesia con los fondos que son colectados en cada Misa. Nuestro dinero ganado con esfuerzo paga las facturas para mantener la iglesia abierta y en funcionamiento, respalda al clero, colabora en el trabajo de la evangelización y la caridad, y más notablemente, compra el pan y el vino necesarios para la Misa. Obviamente, no tenemos la capacidad de dar a Dios las gracias que se merece por todos los regalos generosos que hemos recibido, pero hacemos el mejor esfuerzo haciendo un sacrificio de nuestros propios recursos. El dinero representa nuestro propio tiempo y talentos dados en trabajo. Así que la colecta simboliza el obsequio más importante de nosotros mismos a Dios.

Pan y vino. Al mismo tiempo de la colecta, el pan y el

---

47 *El Catecismo, 2043.*

vino son traídos por los fieles en la procesión de ofertorio en la Misa. Estos elementos son tan necesarios para la celebración de la Misa que sin pan y vino, un sacerdote no puede ofrecer el sacrificio de la Misa.[48] Analizaremos en más detalle el uso y la trascendencia del pan y el vino en nuestra próxima discusión.

Oración, sacrificio, intenciones. La colecta, el pan, y el vino son ofrecidos y presentados al celebrante durante el ofertorio. Pero lo más importante, también traemos nuestras ofrendas espirituales. Durante el ofertorio, somos invitados a recoger y presentar nuestras oraciones, sacrificios, e intenciones que son únicas en la celebración de cada Misa. Se nos da la oportunidad de unir nuestras propias oraciones, los muchos pequeños sacrificios hechos durante todo el día o la semana, y las muchas intenciones que traemos con el sacrificio perfecto de Cristo en la consagración.

Nosotros mismos. Estas oraciones, sacrificios, y las intenciones son la forma espiritual del ofertorio. Cuando se combinan con las ofrendas materiales del dinero, el pan, y el vino, representan colectivamente el regalo pobre de nosotros mismos, generosamente presentado a Dios para el sacrificio.

El sacerdote. Todo esto es colectado y presentado al sacerdote, físicamente y espiritualmente en el ofertorio de la Misa. El sacerdote acepta estas ofrendas. Y en nombre de la Iglesia entera, los ofrece al Padre en unión con el sacrificio perfecto de Cristo en la cruz.

Cristo. Aquí, descubrimos que en última instancia, el ofertorio de la Misa no responde principalmente a la pegunta, "Qué está siendo ofrecido?" sino, "¿Quién está siendo ofrecido [para la consagración]?" Y a través de los ojos de la fe, con la luz de la razón, y expresada a través de la liturgia de la Misa, descubrimos que es Cristo, el sumo sacerdote, que se presenta así mismo como una víctima para el Padre. Y porque somos miembros de su Cuerpo Místico a través del

---

48 La clave del derecho canónico, 924.

45

sacramento del Bautismo, también estamos ofreciéndonos a nosotros mismos, presentándonos para el sacrificio en unión con Cristo. Así como él libremente se sacrificó al Padre en la cruz, así somos invitados y animados a seguir su ejemplo perfecto. Allí encontraremos la salvación. ¿Qué está siendo ofrecido en el ofertorio de la Misa? Es Cristo, la cabeza de la Iglesia, en unión con su Cuerpo Místico, usted y yo. En la próxima lección, continuaremos nuestro examen del ofertorio respondiendo a la siguiente pregunta: ¿Cuál es el propósito y el significado del pan y el vino usados en la Misa?

16
Pan y Vino

Hemos estado revisando el primer movimiento de la Liturgia de la Eucaristía, conocido como el ofertorio o preparación de las ofrendas. Evidentemente los elementos más esenciales presentados al sacerdote y ofrecidos para el sacrificio son el pan y el vino. Sin pan y vino no hay Misa. Nada puede sustituir estos elementos. ¿Qué es tan importante acerca del pan y del vino? ¿Por qué usamos pan y vino en cada Misa?

Porque la Iglesia imita fielmente a Cristo Jesús. En la Última Cena, la primera Santa Misa, Jesús mandó a sus apóstoles, a su universidad de obispos, "Hagan esto en memoria mía", por lo tanto les daba el poder de ofrecer el Sacrificio de la Misa.[49] La Iglesia sigue fielmente el mandato del Señor ya que no tiene autoridad de cambiar los elementos esenciales del sacramento. En la misma manera que Cristo ordenó hombres, a sus apóstoles, para ser sus sacerdotes, la Iglesia debe usar solamente pan y vino para el sacramento de su Cuerpo y su Sangre.[50] La Iglesia solamente tiene la autoridad para continuar lo que Cristo estableció. Al instituir el sacramento el Jueves Santo, Jesús aceptó las ofrendas presentadas en la Pascua de los Judíos, los cuales eran pan y vino, los bendijo, los dio a sus apóstoles, y cumplió el significado de la Pascua con su sacrificio perfecto. Aquí, en la primera Santa Misa, nuestro Señor entregó el plano de la adoración perfecta, la cual necesitaba el uso de pan y vino. Por lo tanto, la Iglesia ha legislado que el pan y el vino son esenciales, necesarios para el sacrificio de la Misa. ¿Qué es tan importante acerca del pan

---

49 Cf.. *El catecismo, 1337.*
50 Cf.. *El catecismo, 1577.*

y el vino? En este momento, debemos penetrar un poco mas profundo en el misterio del sacramento. Para hacer esto, inspeccionaremos estos dos elementos en cuatro niveles distintos: el natural, el simbólico, el teológico y el místico-espiritual.

En el nivel natural, el pan y el vino han nutrido a la humanidad por siglos. Son ingredientes comunes en la dieta humana casi desde el principio de los tiempos. Es natural que el pan y el vino representen alimento. En el nivel simbólico, tanto el pan como el vino simbolizan el trabajo de Dios y el hombre - Dios suministra el trigo y las uvas, pero el hombre debe trabajar para producir el pan y el vino. Para hacer el pan, el trigo es cultivado y cosechado, cernido y molido en harina, añadido al agua, amasado y horneado, antes de que pueda ser usado en la Misa. De la misma manera, el vino es el producto final que resulta del cuidado de las uvas, cosechándolas, triturándolas, y fermentando el jugo en una cosecha fina. El proceso es dispendioso y laborioso, simbolizando la cooperación de Dios y el hombre, la providencia divina y el trabajo humano. Sobre el nivel teológico, el pan y el vino son mencionados primero en el libro de Génesis en referencia al misterioso sacerdote y rey, Melchisedech. Melchisedech ofreció pan y vino como un obsequio agradable a Dios.[51] Su sacrificio anunciaba el sacrificio verdadero y perfecto de Cristo Jesús, quien es el definitivo sumo sacerdote y Rey. Es mas, debido a que muchos granos de trigo componen el pan y muchas uvas son trituradas para producir el vino, el pan y el vino también teológicamente representan la Iglesia, compuesta de muchos miembros. Y en el nivel místico o espiritual, como los granos de trigo deben ser molidos, hechos harina y horneados y las uvas deben ser trituradas en líquido y fermentado, el proceso actual representa la agonía, el sufrimiento y la pasión de Cristo que trajo nuestra redención. Trigo y uvas deben pasar por una especie de agonía

---

51 14 de Genesis: 18-20.

y pasión para proveer los elementos de pan y vino. El nivel natural, simbólico, teológico, y místico- espiritual, todos demuestran que el pan y el vino no son sólo necesarios, sino que son elementos apropiados para ser usados en el sacrificio perfecto de Cristo ofrecido de una manera sin sangre en cada Santa Misa.

Ahora, regresemos al ritual de la Misa para revisar los preparativos del altar y la procesión de ofertorio.

17
Procesión de Ofertorio y Preparación

Hemos pasado las últimas lecciones enfocándonos en el significado del ofertorio. Descubrimos que en última instancia Cristo está ofreciéndose así mismo como sacerdote y víctima del sacrificio de la Misa. Y como somos miembros de su cuerpo místico, la Iglesia, también estamos ofreciéndonos a nosotros mismos con él. "Por él, con él, y en él", nos ofrecemos como una ofrenda al Padre. Pero antes de que las ofrendas sean consagradas, deben ser colectadas y presentadas para el sacrificio. Regresemos al ritual de la Liturgia de la Eucaristía para ver cómo esto se lleva acabo.

Al comienzo del ofertorio, el altar es preparado. Un paño de lino cuadrado, llamado corporal, es desdoblado en el centro del altar. El nombre "corporal" viene del Latín corpus que significa "Cuerpo", ya que esta tela de lino es desdoblada para recibir partículas de la hostia o gotas de la preciosa Sangre. Junto con el corporal, el cáliz y los cálices de comunión (si la comunión es distribuida bajo ambas especies) también son traídos al altar con sus purificadores. El purificador es la tela de lino usada para secar y limpiar los cálices o los otros vasos sagrados. Finalmente, el Misal Romano es puesto sobre el altar.[52] El altar esta ahora preparado para recibir las ofrendas del pan y del vino.

Anteriormente recordamos que la primera acción del ofertorio es la colecta. Aquí, los fieles tienen la oportunidad de respaldar las diferentes necesidades materiales de la Iglesia con sus contribuciones generosas. También reconocimos que estas donaciones no sólo respaldan las necesidades de la Iglesia sino también compran el pan y el vino que son presentados. Finalmente, la colecta nos representa simbólicamente a nosotros

---

52 GIRM, 73.

mismos: nuestro trabajo es compensado con dinero, del cual una parte es dada a Dios como una ofrenda de sacrificio. Es importante notar que el pan y el vino, al igual que la colecta, son llevados hacia adelante en procesión por miembros de la comunidad. En la Iglesia primitiva, los fieles traían varios regalos para ser ofrecidos y presentados en el ofertorio, incluyendo pan y vino, y otros artículos para los pobres, como comida, dinero, y ropa.[53] Debido a que vivimos en una sociedad donde el dinero es el modo básico de intercambio, limitamos estas ofrendas a los obsequios esenciales de pan y vino, al mismo tiempo que la colecta en general. Todavía, el ritual permite la presentación de otros obsequios que son "Por caridad hacia el bien de los pobres", pero éstos deben ser puestos aparte del altar de sacrificio.[54] Las ofrendas de pan y vino son aceptadas por el celebrante o el diácono y llevadas al altar con la ayuda de servidores. Durante la colecta de ofertorio y la procesión, el himno de ofertorio o el canto pueden ser cantados por los coros o los feligreses, al menos hasta que las ofrendas hayan sido puestas sobre el altar.[55]

Cuando las ofrendas llegan al altar, el celebrante levanta la patena sobre el altar y ofrece una oración en silencio o, si no hay música, puede recitar la oración en voz alta. Esta oración alaba a Dios por proveer al hombre los elementos para producir el pan usado en el sacrificio. Después de esta oración, el celebrante pone la patena y cualquier copon con hostias sobre el corporal. El cáliz es preparado por el diácono o, si no hay diácono, por el celebrante. Añade una gota de agua al vino y recita una oración en silencio: "Que por el misterio de esta agua y vino podamos venir a compartir en la divinidad de Cristo, quien se humilló así mismo para compartir nuestra humanidad.". Era común en la antigua sociedad Romana beber vino mezclado con agua. Esta práctica social ingresó en los ritos sagrados de la Misa

53 *Comprender la Misa, 109.*
54 *Redemptionis Sacramentum, 70.*
55 GIRM, 74.

y asumió una trascendencia espiritual: el vino representa la divinidad de Cristo y el agua, su humanidad. La mezcla del vino y el agua también representan el misterio de divinización: el agua representa al hombre elevado por Dios.[56] Después de que el cáliz está preparado, es elevado sobre el altar mientras otra oración breve de alabanza es recitada en silencio o en voz alta por el celebrante. Pone el cáliz y cualquier otro copon de comunión sobre corporal y puede cubrir el cáliz con una tela cuadrada rígida, llamado "Paño." De todos los artículos usados en el Santo Sacrifico, el paño tiene quizás la función más práctica: mantener insectos y otros elementos extraños afuera del cáliz. En la próxima lección, concluimos nuestra discusión de los ritos de Ofertorio.

---

56 Muchos padres de la Iglesia enseñaron, "Dios se hizo hombre para que el hombre pueda hacerse Dios"

18
Mi Sacrificio y el Suyo

En varias de las lecciones anteriores, nuestra catequesis sobre la Misa se había concentrado en el primer movimiento de la Liturgia de la Eucaristía: el ofertorio. Y acabamos de hablar sobre los preparativos del altar, la procesión de ofertorio de las ofrendas, y las oraciones de ofrecimiento para el pan y el vino.

Después de que las oraciones de la ofrenda son recitadas y los vasos sagrados son puestos sobre la tela de lino cuadrada, llamada corporal, el celebrante hace la venia en el altar y ora en silencio: "Señor Dios, te pedimos nos recibas y te agrade el sacrificio que te ofrecemos con corazón humilde y arrepentido."

El sacerdote habla tanto en su propio nombre, como en nombre de los fieles, pidiendo a Dios que reciba las ofrendas que acaba de ofrecer, llamadas, pan y vino, como también el de nosotros mismos. En este momento, el celebrante puede poner incienso en el incensario, consagrar el incienso, e incensar las ofrendas, el altar, y el crucifijo. Ésta es ahora la tercera vez que el incienso puede ser usado para representar las ofrendas y las oraciones de la Iglesia subiendo como el incienso a la presencia de Dios. El incienso une los símbolos de Cristo: el altar, que es el símbolo central en el santuario por Cristo; el crucifijo, que vuelve a traer la redención que es representada en el sacrificio de la Misa; y el pan y el vino, que se convierten realmente en el Cuerpo y la Sangre de Cristo en la consagración de la Misa. El incienso puede luego ser usado para incensar las personas: primero, el celebrante y luego los concelebrantes, en virtud de su ministerio sagrado como sacerdotes, luego los fieles, por razón de su dignidad bautismal el cual les concede compartir en el sacerdocio real de Cristo Jesús.[57]

---

57 *El catecismo, 1273.*

Después de esta tercera incensación, el celebrante lava sus manos. ¿Cuál es el propósito de este gesto? La purificación ritual no es una práctica nueva en la Santa Misa. Muchas religiones antiguas, en particular los judíos, mantuvieron numerosos ritos tradicionales para la purificación tanto de los vasos, como de las manos de aquellos que están tomando parte en el ritual mismo. Más adelante, en la iglesia primitiva, se hizo una necesidad práctica para el sacerdote el lavar sus manos después del ofertorio. Los fieles presentaban una vasta variedad de ofrendas por caridad en beneficio de los pobres, incluyendo comida, pan, verduras, frutas, matraces de vino, y ropa. Luego de este ofertorio prolongado, se hizo necesario para el sacerdote el purificar sus manos antes de tocar los vasos sagrados para ofrecer el sacrificio. El ritual mantiene su lugar en la Misa. Conocido como el Rito del Lavabo, el lavado de manos hace mas referencia a una purificación espiritual interna que a una externa. Cuando el celebrante está lavando sus manos, recita en silencio una oración particular para este efecto: "Lava del todo mi delito, Señor, limpia mi pecado." Note que hay una diferencia hecha entre la malicia que subyace al deseo de pecar, y los mismos pecados verdaderos. San Cyril de Jerusalén comentó sobre el significado místico de este ritual en el siglo IV: "[El lavabo] muestra que debemos estar libres de todo pecado. Llevamos a cabo acciones con nuestras manos; lavar nuestras manos es la cosa más cercana para purificar nuestros actos."[58]

El celebrante regresa al centro del altar y ruega que los fieles se unan con él en el sacrificio que se acerca. En el texto original del Latín, el sacerdote dice, "Orate, fratres: ut meum ac vestrum sacrificium..." ("Orad, hermanos, para que este sacrificio, mío y vuestro, sea agradable a Dios, Padre todopoderoso").[59] La oración indica los dos sacrificios distintos

58 *Comprender la Misa, 115.*
59 Traducción inglesa: "Recen, hermanos: que mi sacrificio y el suyo ..."

de la Misa: Cristo y su cuerpo, la Iglesia. Esta es una forma prolongada del común "Oremos." Las personas se ponen de pie y responden, "¡El Señor reciba de tus manos este sacrificio, para alabanza y gloria de su nombre, para nuestro bien y el de toda su santa Iglesia." Finalmente, la "Oración sobre las Ofrendas" es la segunda colecta o la oración colecta de la Misa y señala el final del ofertorio. Esta oración reconoce nuestra incapacidad para ofrecer a Dios ofrendas suficientes para su bondad y poder. La iglesia ora para que Dios acepte lo que ofrecemos con sinceridad y responda con gracias generosas mientras nos preparamos para entrar en el momento más solemne de la Misa: la consagración. En la próxima lección, empezaremos a revisar la consagración mientras pasamos a la oración Eucarística.

19
El Segundo Movimiento: La Consagración

En nuestro estudio de la Misa, descubrimos que la Liturgia de la Eucaristía esta compuesta de tres movimientos distintos: el ofertorio, la consagración, y la recepción de la Sagrada Comunión. La última vez, concluimos nuestro examen del ofertorio, en donde tenemos la oportunidad de ofrecernos a nosotros mismos a Dios así como Nuestro Señor se ofreció a su Padre celestial. La esencia del Cristianismo es la reproducción de lo que Jesús encontró en el alma de todos y cada persona individual en el mundo entero. Así como nuestro Señor aceptó su sufrimiento, crucifixión, muerte, y la gloria de la resurrección, así también cada persona debe ofrecer su naturaleza humana como una ofrenda al Padre celestial. Debemos morir al pecado para poder resucitar y vivir en gracia y gloria. En el ofertorio, presentamos y brindamos tanto las ofrendas de pan y vino como nosotros mismos al Padre. Y en el segundo movimiento, la consagración, nos unimos con el sacrificio perfecto de Cristo Jesús, el sumo sacerdote y víctima. Ahora regresamos al segundo movimiento, la consagración, para investigar cómo se lleva acabo.

La consagración de la Misa ocurre dentro del contexto más grande de la oración, conocido como la Oración Eucarística o el Canon. La oración Eucarística empieza con el prefacio y continua a con el Gloria in excelsis cantado por el celebrante y concelebrantes: "Por Cristo, con él, y en él ...." Como una oración de acción de gracias y santificación, son el centro y cumbre de la Misa entera.[60] La oración puede ser recitada por el celebrante solo o algunas partes pueden ser recitadas por otros

---

60 Cf.. *Comprender la Misa, 121.*

sacerdotes que concelebran. En cualquiera de los dos casos, el sacerdote habla de parte de la Iglesia, a menudo denotado por el uso de "Nosotros": "Te ofrecemos..."; "Te suplicamos a...."[61] Sin embargo, en el "Relato de la Institución", la persona que habla cambia, aunque la voz permanece la misma. El sacerdote ya no habla de parte de la Iglesia, sino ahora Cristo habla. Ya no es más "Te suplicamos a ", sino " Éste es mi cuerpo." Aquí, dentro de esta oración del Hijo dirigida al Padre, la eternidad rompe la barrera del tiempo, cuando la voz de Cristo Jesús, el sumo sacerdote, es escuchada hablando las palabras sagradas consagrando el pan y el vino en su propio cuerpo y su propia sangre.[62] Así como el Papa Juan Pablo II escribió en Ecclesia de Eucharistia, "El sacerdote dice estas palabras, o mejor pone su voz a disposición de quien habló estas palabras en la habitación superior y quien desea que sean repetidos en cada generación... ".[63] Este es el momento más solemne en la Misa; la expresión más grande del amor sobre la tierra. Esa es la razón por la cual la Iglesia nos instruye que "La oración Eucarística exige que todos la escuchen con reverencia y en silencio".[64]

Este segundo movimiento, conocido como la consagración, hace realmente presente el sacrificio perfecto de Cristo Jesús. Así como el Santo Padre añade en la misma encíclica, "Cuando la Iglesia celebra Eucaristía, el memorial de la muerte y resurrección del Señor, este evento principal de la salvación se hace muy presente y El trabajo de nuestra redención es llevado acabo. El sacrificio de Cristo y el sacrificio de la Eucaristía son un solo sacrificio." Así que antes de que la Eucaristía sea un banquete, es ante todo el sacrificio de nuestro Señor en la cruz. En otras palabras, antes la recepción de la Sagrada Comunión es la consagración, en donde Cristo perpetúa y continúa a

---

61 Canon romano (i de oración de Eucharistic)
62 *Comprender el montón, 139.*
63 *Ecclesia de Eucharistia, 5.*
64 GIRM, 78.

través de los tiempos su sacrificio redentor. ¿Por qué? ¿Cuál es el propósito de representar su sacrificio continuamente si la redención ya ocurrió? Por sobre todo, el sacrificio de Cristo es verdadera adoración del Padre. El sacrificio del hijo da gloria y honor al Padre. Es más, usted y yo somos los beneficiarios de su sacrificio. Los frutos de la redención deben ahora ser aplicados a nuestras almas. Por último, Jesús nos ordenó, "Haced esto en conmemoración mía." Y por eso en humilde obediencia, la Iglesia sigue fielmente el mandamiento del Señor de ofrecer el sacrificio de Cristo, que no sólo el pan y el vino se conviertan en su Cuerpo y su Sangre, sino lo que es más importante, que podamos ser consagrados a él, y más y más hacernos lo que recibimos: el cuerpo de Cristo.

20
Sanctus, Sanctus, Sanctus

Ya empezamos nuestra investigación de la oración Eucarística, la cual empieza el segundo movimiento de la Liturgia de la Eucaristía, conocido como la consagración. En la consagración, nos unimos con el sacrificio perfecto de Cristo Jesús, el sumo sacerdote y víctima y damos así adoración verdadera al Padre y recibimos los frutos de nuestra redención. Continuemos con nuestro estudio de la Oración Eucarística para seguir los elementos que revelan este misterio de nuestra salvación.

Desde el advenimiento del Novus Ordo (la Nueva Misa) autorizado por el Papa Pablo VI después del Segundo Concilio Vaticano, hay algunas alternativas para la oración Eucarística de la Misa, dada en el Misal Romano: cuatro oraciones Eucarísticas comunes, tres oraciones que pueden ser usadas para las Misas con niños, y dos que pueden ser usadas para las Misas de reconciliación, así como otras oraciones aprobadas. De las cuatro oraciones Eucarísticas principales, la primera oración de Eucaristía, comúnmente conocida como el Canon Romano, se originó en Roma al final del siglo IV.[65] Desarrolló su forma actual alrededor del siglo séptimo y no ha tenido cambios importantes desde entonces.[66] A decir verdad, el Canon Romano era el único Canon usado exclusivamente en el rito Romano desde los concilios de Trento hasta el Concilio Vaticano Segundo (1563-1965). Esta oración contiene dos listas de santos: la primera incluye a los apóstoles y los primeros Papas, mientras que la segunda lista incluye a muchos mártires antiguos. La segunda oración Eucarística es la más breve y es similar al texto de San Hipólito que salio alrededor del año

---

65 *Comprender la Misa, 126.*
66 *Ib..*

215.[67] La tercera oración Eucarística es una re-configuración del Canon Romano, rico en influencias orientales y enfatiza el trabajo del Espíritu Santo. Por último, la cuarta oración de Eucaristía provee un resumen más lleno de la historia de salvación y se basa exhaustivamente en los eventos bíblicos y está en la gran tradición de las oraciones Eucarísticas de Oriente, más notablemente de San Basil.

Dentro de la variedad de las oraciones Eucarísticas, hay ciertas características que las definen como las oraciones de Eucaristía. La oración Eucarística está compuesta de varias partes que pueden ser distinguidas de la siguiente manera: a) Acción de Gracias (Prefacio), b) Aclamación (Sanctus), c) Epiclesis, d) el relato de la institución y la consagración, e) Anamnesia (la conmemoración), f) Ofertorio, g) Intercesiones, y h) el Gloria in Excelsis final.[68] Actualmente, la oración Eucarística empieza con el prefacio y su diálogo acostumbrado en el celebrante y los feligreses. Desde el siglo III, esta serie de tres estrofas y las respuestas han caracterizado la introducción del prefacio.[69] Aquí es establecido el propósito final de la Misa introducido en nuestra primera lección: Dignum et iustum est ("Es justo y necesario").[70] Inmediatamente después de este diálogo está la primera parte de la oración Eucarística que mencionamos hace un momento: la Acción de Gracias. Como con las oraciones Eucarísticas, hay una variedad de Prefacios encontrados en el Rito Romano que cambian dependiendo de la fiesta del día o la estación litúrgica del año. El Prefacio expresa alabanza profunda y gratitud al Padre por las maravillas de su creación, y el trabajo maravilloso de la redención lograda por su Hijo divino. Cada prefacio concluye cantando el interminable himno de alabanza, llamado el Sanctus (Sanctus es la primera palabra en Latín, que significa "Santo").

El Sanctus es cantado por todos y es la segunda parte de

---

67 *Ib.*.
68 GIRM, 79.
69 *Comprender la Misa, 128.*
70 Por favor consulte la 1 lección para una explicación más llena de esta idea.

la oración Eucarística. ¿Cuál es el origen de este misterioso himno? El Sanctus fue añadido a la Misa por el Papa Sexto (119-128).[71] Este himno está compuesto de dos partes. La primera parte "Santo, santo, santo es el Señor, Dios del universo. Llenos están el cielo y la tierra de tu gloria," es tomada de la visión del Profeta Isaías (6: 1-3), donde vio al Señor sentado en el trono rodeado de ángeles que cantan este himno. La segunda parte, "Bendito el que viene en nombre del Señor. Hosanna en el cielo", es tomado de los gritos de alabanza ofrecidos a Jesús cuando hizo su entrada triunfal a Jerusalén, la cual conmemoramos el Domingo de Ramos (21: 9 de Mateo). En el Sanctus, nos unimos a las voces angelicales del cielo mientras nos acercamos al trono divino y aguardamos la venida de nuestro Salvador. El Sanctus es la advertencia final de la inminente venida de nuestro Señor, quien se hará realmente presente en algunos momentos en la consagración. Con apuro unimos nuestras voces al coro celestial de ángeles y santos y aguardamos la llegada de nuestro Salvador. La próxima presentación continuará con nuestro examen del Epiclesis y el relato de la institución y la consagración.

---

71 *Entendiendo la Misa, 134.*

21
Éste es mi cuerpo

En estas reflexiones sobre la Misa, hemos revisado las primeras dos partes de la oración Eucarística: el Prefacio y el Sanctus. Tan pronto como se termina el Sanctus, los fieles asumen la postura de arrodillarse en adoración humilde, aguardando por el Rey de Reyes, ante quien "Toda rodilla debe doblarse".[72] Luego, con la sencillez de una voz solitaria rompiendo el silencio de la habitación superior en la Última Cena, Cristo Jesús, el sumo sacerdote, pronuncia las palabras sagradas a través de su sacerdote, las palabras que dio a su iglesia el Jueves Santo. A través de este misterio divino, pan y vino se convierten en el Cuerpo y la Sangre, alma y divinidad de Cristo Jesús, dejando atrás solo la apariencia del pan y del vino.

Podíamos pasar meses estudiando y contemplando este divino misterio que yace en el corazón de la Misa. Pero por brevedad y claridad, enfoquemos nuestra atención solamente a lo que está relacionado en este misterio de fe: las palabras y las acciones que efectúan este sacramento. Para investigar cómo esto es consumado, debemos ahora ir hacia las siguientes dos partes de la oración Eucarística: la epiclesis y el relato de la institución y la consagración.

La palabra epiclesis viene de la composición de dos palabras Griegas: kaleo, que significa "Llamar, convocar, o invitar", y cuando es precedida por la preposición epi, entonces la palabra quiere decir, "Llamar abajo." Durante esta tercera parte de la oración Eucarística, el sacerdote "Llama abajo" al Espíritu Santo y representa esta actividad poniendo sus manos sobre las ofrendas que van a ser sacrificadas. Las campanas del Santuario pueden ser tocadas en este momento

---

72 GIRM, 43; cf.. 2: 10 de Phil.

para llamar nuestra atención.[73] La epiclesis tiene al menos dos significados espirituales principales: 1) en los sacrificios del Templo del Antiguo Testamento, el sacerdote ponía sus manos sobre el cordero del sacrificio, ofreciéndolo para el sacrificio; 2) también, la epiclesis recuerda el misterio de la Encarnación, donde el Espíritu Santo descendió y cubrió a la Santísima Virgen Maria para que la Palabra se hiciera carne.[74] Efectivamente, el sacrificio sagrado de la Misa une estos dos misterios juntos mientras Cristo Jesús se hace tanto sacerdote como víctima del sacrificio y viene nuevamente a nosotros sacramentalmente en la carne, que nos lleva ahora a la cuarta parte de la oración Eucarística.

Durante la narración de la institución y la consagración, la voz familiar de Cristo Jesús es escuchada como el Sumo Sacerdote en cada sacrificio de la Misa. Cada sacerdote se presta al servicio de Cristo para que nuestro Señor pueda representar una vez más su sacrificio. No es simplemente el sacerdote el que habla, "Esto es mi cuerpo", ya que no es su cuerpo, por sí mismo, sino por el contrario es Cristo el que habla, "Esto es mi Cuerpo... éste es el cáliz de mi Sangre." Estas palabras son las que provocan el cambio de pan y vino al Cuerpo y la Sangre, alma y divinidad de Cristo. De la misma manera como Cristo tomó pan y vino en la Última Cena, lo consagró, y lo dio a sus apóstoles después de que lo consagró en su Cuerpo y su Sangre, así continúa ofreciéndolos por nuestra salvación. Este cambio de pan y vino al Cuerpo y Sangre de Cristo es conocido como transubstanciación, que quiere decir "Cambio en la sustancia."[75] Toda la sustancia del pan y el vino es transformada en la sustancia del Cuerpo y la Sangre de Cristo. Los accidentes o las apariencias del pan y el vino permanecen igual. Por lo tanto, cuando recibimos la Sagrada Eucaristía, no recibimos pan y vino con el Cuerpo y la

---

73 GIRM, 150.
74 Cf.. Lev. 16: 21-22; 1: 35 de Lucas.
75 Cf.. *Ecclesia de Eucharistia, 15; el Catecismo, 1376.*

Sangre de Cristo (consubstanciación); no recibimos pan y vino que simplemente simbolizan el Cuerpo y la Sangre de Cristo (transignificación;transfinalización);porel contrario,recibimos el Cuerpo y la Sangre de Cristo, el mismo cuerpo de Cristo crucificado, resucitado, y glorificado, bajo las apariencias del pan y del vino. Cristo dijo, "Éste es mi cuerpo." No tenemos razón para dudar de él, quien es incapaz de engañarnos. La consagración en realidad ocurre en dos consagraciones distintas: primero el Cuerpo, luego la Sangre representando la muerte de Cristo, cuya sangre preciosa fue separada de su cuerpo sobre la cruz. Después de cada consagración hay un momento de adoración, un momento sagrado en el que el Cuerpo y la Sangre de Cristo pueden ser incensados (la cuarta y última incensación), un momento sagrado que nos prepara para ese momento de intimidad divina en donde Dios desea entrar en divina comunión con nosotros.[76] Seguiremos con la oración Eucarística en la próxima consideración.

---

76 GIRM, 150.

22
Mysterium Fidei

La última vez, revisamos las palabras sagradas de la institución y la consagración, que constituyen el corazón del Sagrado Sacrifico de la Misa. Descubrimos la verdad asombrosa de que éstas no son palabras simplemente históricas o bíblicas usadas para recontar los hechos de la Última Cena, sino que en verdad, en la Santa Misa, Cristo verdaderamente representa su sacrificio a través de su sacerdote actuando como un instrumento. Pan y vino son transformados en el Cuerpo y la Sangre de Cristo cuando las palabras de la consagración son habladas por Cristo a través de cada sacerdote Católico individual a través de los tiempos y la historia.. Todas las oraciones de la Misa hasta este momento preparan para la llegada sacramental de nuestro Señor; de este momento en adelante, cuando Cristo está realmente presente sobre el altar, el sacerdote se dirige al Padre Celestial nuevamente de parte de la Iglesia. Ahora consideremos las cuatro partes restantes de la oración Eucarística que son dirigidas al Padre.

Anamnesia. Inmediatamente después de la consagración, el celebrante anuncia: "Éste es el Sacramento de nuestra fe", (Mysterium fidei en Latín) y nosotros respondemos con una de las cuatro opciones que expresan el misterio Pascual: "Anunciamos tu muerte, proclamamos tu resurrección. Ven, Señor Jesús." Esta aclamación nos conduce a la próxima parte de la oración Eucarística, llamada por su nombre en Griego, anamnesis, o "Memorial." La anamnesis es una oración de recuerdo en la que la iglesia recuerda la pasión del Señor, la resurrección, y la ascensión al cielo. Se nos recuerda que la Iglesia está actuando en memoria de nuestro Señor y obedeciendo su mandato explícito, "Haced esto en conmemoración mía." Somos conscientes del mandato de despedida de nuestro Señor y la Iglesia se regocija con su fidelidad a Cristo; estamos en efecto, siguiendo fielmente el mandato de "Haced esto en conmemoración mía."

Oblación. La oblación o el ofrecimiento siguen a la conmemoración en la oración Eucarística. Antes de la consagración, el sacerdote pide al Señor que acepte las ofrendas de pan y vino como prenda de nosotros mismos. Pero ahora, siguiendo la consagración, el pan y el vino ya no existen más; estos han sido transformados en el Cuerpo y la Sangre del Cristo resucitado. Cristo es ahora ofrecido al Padre. En el Canon Romano, tres personas del Antiguo Testamento son mencionadas cuyos ofertorios eran aceptables al Padre: 1) Abel, quien brindó al cordero primogénito de su manada, 2) Abraham, quien estuvo dispuesto a ofrecer a su propio hijo, y 3) Melchisedech, quien ofreció pan y vino como un sacerdote de Dios.[77] Cada uno de estos tres sacrificios bíblicos anuncia el sacrificio perfecto de Cristo Jesús, que completó todos los otros. Cristo es el sumo sacerdote que ofrece la Misa, pero en la oblación, descubrimos que es también la víctima que está siendo ofrecida.

Intercesiones. Porque Cristo es el sumo sacerdote y mediador entre Dios y el hombre, las oraciones de intercesión constituyen la siguiente parte de la oración Eucarística. Las intercesiones dejan claro que cada Santa Misa es ofrecida por la salvación del mundo entero en unión con la Iglesia entera tanto en la tierra, como en el cielo. Todos los miembros del Cuerpo Místico de Cristo son incluidos en los beneficios de la Misa: pedimos la intercesión de aquellos en el cielo, la Santísima Virgen María y todos los ángeles y santos; rezamos por vivos e intercedemos por los muertos. El Papa, el obispo de la diócesis, y los del clero son mencionados siempre, ya que la unión con el Papa y el obispo local establece nuestra unidad con la Iglesia Católica en todo el mundo.

---

77 4: 4 de Genesis, 14: 17-20 (cf.. Hebreos 7), 22: 1-19.

Doxología. Con el cierre de las intercesiones viene el final de la oración Eucarística. La fórmula, conocida como Doxología (Gloria in excelsis), es común a todas oraciones Eucarísticas. La palabra Griega doxología, simplemente significa "Una palabra de gloria o alabanza." El sacerdote levanta el cáliz y la patena en una palabra final de alabanza al Padre cuando ruega, "Por Cristo, con él y en él, a ti, Dios Padre omnipotente, en la unidad del Espíritu Santo, todo honor y toda gloria, por los siglos de los siglos." Los fieles concluyen la oración Eucarística con el "Amén", que puede ser recitado o cantado. San Jerónimo escribió en el siglo V que el "Amén" en la conclusión de la oración Eucarística "Resuena en el cielo, como un trueno celestial en las basílicas Romanas.".[78]

Roguemos que nuestro asentimiento, que nuestro "Amén", salga de la misma fe ardiente, esperanza y amor. Luego, continuaremos revisando el Rito de Comunión.

---

78 *Entendiendo la Misa, 163.*

23
El Tercer Movimiento: La Comunión

Mientras empezábamos nuestra discusión de la Liturgia Eucarística, descubrimos que el drama de nuestra redención es revelado en tres movimientos durante el Santo Sacrifico de la Misa: el ofertorio, la consagración, y la recepción de la Sagrada Comunión. En el ofertorio, no sólo pan y vino son presentados y ofrecidos, sino más importante nos ofrecemos a nosotros mismos al Padre junto con Cristo quien se ofrece así mismo. En el ofertorio nos presentamos a nosotros mismos para el sacrificio con Cristo; en la consagración morimos con él. Aplicamos su muerte a nosotros mismos para que podamos compartir su resurrección y gloria. Y en la Sagrada Comunión, descubrimos que no hemos muerto, sino que hemos vuelto a la vida. En cierto sentido, la sustancia del pan y el vino deben ser sacrificados, deben dejar de existir, para que se puedan hacer el Cuerpo y la Sangre de Cristo. Del mismo modo, nuestros hábitos viejos del pecado también deben ser sacrificados para que podamos tener nueva vida en Cristo. Volvamos ahora al Rito de Comunión para inspeccionar este tercer movimiento de la liturgia Eucarística.

El rito de comunión comienza en la conclusión de la oración Eucarística. Ahora, los fieles se ponen de pie, y a la invitación del celebrante, cantan o recitan la oración del Señor. Es importante notar que no hay ninguna instrucción en el Misal Romano de tomarse las manos durante esta oración o durante alguna otra oración de la Misa.[79]

De los documentos históricos más antiguos y los registros de teólogos y santos, la oración del Señor fue incluida en la Misa antes de recibir la Sagrada Comunión.[80] Encaja bien

---

79 Cf.. GIRM, 81.
80 Entendiendo la Misa, *lo 169ff.*

que esta oración sea hecha entre la oración Eucarística y la recepción de la Sagrada Comunión ya que:

1) Las siete peticiones de la oración del Señor resumen las peticiones ofrecidas en la oración Eucarística y 2) la oración del Señor es la oración correcta de toda la iglesia, uniendo y preparando a los fieles para la comunión divina.[81] En la Misa, el celebrante nos invita a que recemos a nuestro Padre celestial con filial atrevimiento, ya que fue Jesús, el hijo de Dios, quien nos enseñó a llamar a Dios "Nuestro Padre." A través del sacramento del Bautizo, nos hemos hecho realmente hijas e hijos adoptivos del Padre celestial a través de su Hijo. Por lo tanto, cuando "Oramos al Padre, estamos en comunión con él y con su Hijo, Cristo Jesús.[82] Pero esta comunión es una comunión espiritual, una que nos prepara para la comunión sacramental que ocurrirá cuando recibamos la Sagrada Eucaristía.

Desde siempre, recitar la oración del Señor en la Misa del Señor contiene una conclusión única. El Didache (enseñazas del Señor a los gentiles escritas por los Apóstoles) y las constituciones apostólicas, añadieron una doxología hasta el final de la oración del Señor. Esta práctica es conservada en la Misa, pero la doxología final sigue una oración recitada por el celebrante, conocida como embolismo, que significa "Extensión.". Desarrollando la petición final de la oración del Señor, el celebrante reza por la protección del mal para la comunidad entera de fieles y termina con la esperanza de la Segunda Venida de nuestro Señor Jesucristo.

El ritual breve conocido como el Rito de la Paz sigue a la oración del Señor y es presentado por el celebrante con una oración dirigida a Cristo Jesús, quien está realmente presente sobre el altar. Esta oración recuerda el regalo de Cristo resucitado a sus apóstoles en el día de su gloriosa resurrección

---

81 Cf.. *El catecismo, 2770.*
82 *El catecismo, 2781.*

y que expresa comunión eclesial y caridad mutua antes de recibir la Sagrada Comunión.[83] El diácono o el sacerdote pueden invitarnos a que intercambiemos la señal de la paz con aquellos que están más cerca de nosotros. El sacerdote y los Ministros normalmente no se les permite dejar el santuario para intercambiar la señal de la paz, ya que el sacerdote ya ha intercambiado la paz con los fieles.[84] En última instancia, lo que descubrimos cuando nos acercamos a la Sagrada Comunión, es cuando nuestra comunión con otro (en la fe, tanto como en la caridad) debe ser establecida antes de que sea expresada recibiendo la Comunión. Seguiremos con los preparativos para la Sagrada Comunión en la próxima lección.

83 Juan 20:19ff; GIRM, 82.
84 GIRM, 82; Redemptionis Sacramentum, 72.

24
Ecce Agnus Dei

En las últimas lecciones, hemos estado hablando de algunos ritos breves que hacen el rito de Comunión. Hasta ahora hemos inspeccionado la oración del Señor y el Rito de la Paz. Terminemos ahora nuestro examen de estos ritos que nos preparan y disponen para recibir la Sagrada Comunión. Siguiente al rito de la paz, hay un acto sutil, un acto muy significativo llamado el Rito de la Fracción. El celebrante, siguiendo el ejemplo de nuestro Señor, levanta la hostia consagrada y reverentemente la parte. Aunque esta acción es consumada sin drama o comentario, tiene gran trascendencia en la historia y tradición de la Misa.[85] Todos los autores sagrados del Nuevo Testamento afirman que Cristo tomó pan y lo partió cuando ofreció el sacrificio de la Última Cena. Después de su resurrección, fue reconocido por sus discípulos "Al partir el pan".[86] Y los Hechos de los Apóstoles testifican que la Iglesia primitiva continuó "El partir del pan" fielmente todos los días.[87] Hasta el día de hoy, la Iglesia continúa "El partir del pan" precisamente porque Cristo el Señor ordenó a sus apóstoles "Haced esto en conmemoración mía.". ¿Pero por qué nuestro Señor parte el pan?

Indudablemente era la costumbre judía de partir el pan con los parientes y amigos como un acto de la caridad. Y la costumbre antigua dictaba que partir del pan era más apropiado que tajarlo o cortarlo con un cuchillo. Pero quizás es mas importante la trascendencia espiritual de partir el pan que no sólo representa el cuerpo de Cristo sino sacramentalmente se hace su cuerpo, que fue traspasado y clavado en la cruz.

Un fragmento de la hostia colocada dentro del cáliz, un

85 Cf.. *Redemptionis Sacramentum, 73.*
86 Lucas 24: 35
87 Interpreta 2: 46

gesto llamado "El mezclar." El origen de esta costumbre no es seguro, pero hay varias explicaciones posibles. Siglos atrás había la costumbre de tomar partes de la hostia consagrada en la Misa ofrecida por el obispo de una diócesis y distribuirlas a las diferentes parroquias de su diócesis. El sacerdote entonces pondría un fragmento dentro de su cáliz, simbolizando la unión con su obispo local.[88] Es también probable que este mezclar del cuerpo y la sangre de Cristo tenga una explicación más espiritual. La consagración de la Misa ocurre en dos consagraciones distintas: primero el pan, luego el vino. Debido a que esta consagración distinta representa simbólicamente la muerte, cuando la Sangre de nuestro Señor fue separada de su cuerpo, el unir y mezclar el Cuerpo y la Sangre de Cristo en el cáliz puede simbólicamente representar la resurrección, la reunión del cuerpo y la sangre de Cristo.[89] El celebrante recita una oración en silencio durante esta unión: "El Cuerpo y la Sangre de nuestro Señor Jesucristo, unidos en este cáliz, sean para nosotros alimento de vida eterna."

Mientras tanto, el Agnus Dei es recitado o cantado. Al principio, el partir del pan fue hecho en silencio. Pero en el siglo séptimo, el Papa Sergius estableció el canto de este himno, que había sido familiar para él desde su infancia.[90] El Agnus Dei o "Cordero de Dios" como un título a nuestro Señor es más apropiado en este momento de la Misa. En el Antiguo Testamento, el "Cordero de Dios" fue sacrificado para el banquete de Pascua de los Judíos y salvó a los israelitas del ángel de la muerte.[91] San Juan Bautista vio a Jesús caminar hacia él sobre la aguas del Jordán y dijo, "¡Éste es el Cordero de Dios, que quita el pecado del mundo!"[92] Y el evangelista San Juan, registró en sus visiones del libro del Apocalipsis,

88 *La Misa, 368ff.*
89 Entendiendo la Misa, *179-180.*
90 *Ib.., 180.*
91 Éxodo 12.
92 Juan 1: 29

a cerca del cordero sacrificado, Cristo Jesús, quien estaba glorioso y victorioso en el cielo.[93] Después de que el sacerdote ha terminado sus oraciones privadas de preparación, hace una genuflexión y levanta la hostia sobre la patena o el cáliz y recita las palabras de San Juan Bautista, "Éste es el cordero de Dios que quita el pecado del mundo. Dichosos los llamados a la cena del Señor."[94] Debemos pausar por un momento, mirar, adorar, y contemplarlo a él, quien quita los pecados del mundo. No es simple pan o un símbolo, sino el mismo Señor que una vez anduvo por las orillas del río Jordán. Efectivamente, "Dichosos los llamados a la cena del Señor."[95]

---

93 14ff de revelación
94 *Ecce Agnus Dei, ecce qui tollit peccata mundi. Beati qui ad cenam Agni vocati sunt.*
95 Apocalipsis 19: 9

25

Domine, Non Sum Dignus

En nuestra última discusión, revisamos los rituales que nos preparan y disponen a recibir la Sagrada Comunión. Como un acto final de preparación, el celebrante levanta la hostia sobre la patena o cáliz y recita las palabras de San Juan Bautista: "Éste es el cordero de Dios que quita el pecado del mundo." Todos responden con las palabras del soldado centurión de Evangelio: "Señor, no soy digno de que entres en mi casa, pero una palabra tuya bastará para sanarme".[96] Este acto final de humildad y confianza no es sólo el preparativo más apropiado para la Sagrada Comunión sino también la mejor perspectiva para acercarnos a nuestra discusión: "Señor, no soy digno."

Nadie es digno, por sí mismo, para recibir el regalo más sublime del tesoro de la Iglesia, llamado, Cristo mismo. Solo basta que el sacerdote reciba la Sagrada Comunión en la Misa para que el sacrifico este completo y la Misa pueda ser ofrecida con legitimidad. Sin embargo, la Iglesia ha animado a los fieles a recibir la Sagrada Comunión para que también puedan participar de las innumerables gracias espirituales y los beneficios de la Sagrada Eucaristía. La Iglesia incluso ordena a los fieles a recibir la Sagrada Comunión por lo menos una vez al año durante la temporada de Pascua.[97] ¿Pero quiénes pueden recibir la Sagrada Comunión?

De acuerdo con el derecho canónico, "Cualquier persona bautizada no prohibida por ley puede y debe ser admitida en la Sagrada Comunión".[98] Aquellos impedidos por ley incluyen: a los que no están en comunión con la Iglesia Católica, niños

---

96 Mateo 8:8; *Domine non sum dignus ut intres sub tecnum deum: sed tantum dic verbo, et sanabitur anima mea.*
97 *La clave del derecho canónico, 920.*
98 *Ib.., 912.*

menores de la edad de razón, aquellos que perseveran en pecado grave manifiesto, etc. Para aquellos que no pueden recibir la Sagrada Comunión, debe ser notado que no son excluidos de la adoración a Dios asistiendo a la Misa y deben ser animados a hacer una "Comunión espiritual" mientras los otros están recibiendo la Comunión. Una comunión espiritual es la práctica tradicional de unirse uno mismo a Cristo en una oración de ofrecimiento de sí mismo que busca recibir las gracias y beneficios del sacrificio de Cristo.[99]

Regresando al Rito de Comunión de la Misa, el sacerdote recibe la hostia consagrada después de decir en silencio, "¿El cuerpo de Cristo me lleve a la vida eterna." De forma semejante, recibe la Sangre preciada después de decir en silencio, "¿La Sangre de Cristo me lleve a la vida eterna." En este momento, el celebrante puede ser ayudado por otros Ministros corrientes de la Sagrada Comunión, como los sacerdotes que concelebran o diáconos. Si no hay los suficientes Ministros para distribuir la Sagrada Comunión, los Ministros extraordinarios se acercan al altar ahora para recibir la Comunión y ayudar al sacerdote.[100]

Después de que el celebrante ha recibido la comunión, la antífona de Comunión es recitada o el canto de Comunión comienza. El propósito del himno es expresar unión de voces y gozo de corazón mientras los fieles empiezan la procesión de comunión, la segunda procesión principal de la Santa Misa.[101]

Cuando los fieles se acercan ante el Ministro para recibir la Sagrada Comunión, el comulgante debe hacer una señal de reverencia antes de recibir. La norma general en los Estados Unidos es hacer una reverencia ante el Santísimo Sacramento y hacer reverencia otra vez ante el cáliz que contiene la Preciosa Sangre. El Ministro muestra la hostia consagrada al comulgante y dice, "El cuerpo de Cristo"; de igual manera, el

---

99 Vea D de apéndice para una oración sugerida para recibir una comunión espiritual
100 *Redemptionis Sacramentum, 88.*
101 GIRM, 86.

Ministro presenta el cáliz con la Sangre Preciosa y dice, "La Sangre de Cristo." El comulgante hace la señal de reverencia y responde, "Amen", queriendo decir, "Creo" o "que así sea." Esta respuesta es simple, pero esencial. Es un acto de fe de que, efectivamente, el comulgante está completamente consciente de que él o ella están a punto de recibir el verdadero Cuerpo y verdadera Sangre de Cristo. Después de la recepción de la Sagrada Comunión, el sacerdote pone las hostias sobrantes en el tabernáculo y purifica los vasos sagrados en el altar o en la mesa de asenso.[102] En este momento, es muy recomendable observar unos momentos de silencio, ya que el Cuerpo y la Sangre del Señor están realmente presentes en el cuerpo y el alma de cada comulgante. Éstos son los momentos más preciados sobre tierra. "Domine dignus non suma, Señor, yo no soy digno" y aún así, continúa "Dando la bienvenida a pecadores y comiendo con ellos".[103] Después de algunos momentos de silencio, el celebrante se pone de pie e invita a los fieles a orar: "Oremos." El Rito de Comunión cierra con la tercera oración colecta de la Misa, conocida como la "Oración después de la Comunión." En la próxima lección, revisaremos los Ritos de Conclusión de la Misa.

---

102 GIRM, 278-280.
103 Cf.. Mateo 9: 11

26
Ite, Missa Est

En nuestra discusión acerca del Rito de Comunión la vez pasada, concluimos mencionando que la "Oración después de la Comunión" concluye el rito de Comunión. Siguiente al Rito de Comunión hay una conclusión muy breve y simple de la Misa, llamada el "Rito Concluyente", constando de relativamente de pocas partes. Revisemos ahora cómo es terminada la Misa investigando estas partes.

El ritual de la Misa permite un momento y un lugar para anuncios que deben ser dados después de la "Oración después de la Comunión.". Hay dos especificaciones para estos anuncios: deben ser breves y necesarios.[104] Luego el sacerdote saluda a los fieles de la manera acostumbrada, "El Señor esté con ustedes", con su respuesta acostumbrada por los fieles. El celebrante bendice a los fieles con la acostumbrada señal de la cruz y la invocación a la Santísima Trinidad. Concluye la Misa en la misma manera en que fue iniciada; la oración de la Misa, la forma más alta de oración conocida por la humanidad, es terminada ahora con la bendición trinitaria. En fiestas solemnes y las celebraciones especiales, puede haber una oración más elaborada sobre las personas, que es generalmente empezada con la instrucción por el diácono o el celebrante, "Inclinen sus cabezas y oren por la bendición de Dios.".

Queda un intercambio final entre el diácono, o si no hay diácono, el celebrante, y los fieles, conocido como la "Despedida." El diácono dice, "La Misa está terminada, vayan en paz", "Vayan en la paz de Cristo", o "Vayan en paz para amar y servir al Señor.".[105] Los fieles responden una vez mas,

---

104 GIRM, 90.
105 *"Ite, est de missa."* [Una traducción más precisa podría ser dada, "Vayan, es la despida."]

"Demos gracias a Dios" [Deo Gratias]. El despido, aunque muy sutil y conciso, contiene una gran importancia teológica. La despedida es la que da su nombre a la Misa: "Misa" viene del Latín Missa que significa "Enviado" o "Despedido." Los fieles van a la Misa, no simplemente como un escape al mundo o como una diversión de nuestra responsabilidad cristiana, sino para que puedan ser enviados al mundo, fortificados por la gracia de Dios. Habiendo rendido a Dios la adoración del Santo Sacrifico de la Misa y habiendo recibido los frutos de la redención, los fieles pueden lograr de una mejor forma cumplir con los deberes de su vocación particular en medio del mundo, para santificar la casa, el lugar de trabajo, la escuela, el mercado, etcétera.

Pero antes de que el celebrante y los fieles partan, el celebrante y al diácono reverencian el altar otra vez con un beso y reverencian el altar o si el tabernáculo está en el santuario, hacen una genuflexión al Sacramento reservado en el tabernáculo. Puede haber un himno de recesion que acompaña la salida de los Ministros del santuario, pero esto no es necesario ya que la Misa ya ha terminado. Ahora ¿qué?

Inmediatamente después de la terminación de la Misa, por siglos ha sido recomendado por la Iglesia quedarse para un tiempo de acción de gracias personal. Somos animados a quedarnos en silencio, arrodillarnos, y agradecer a Dios por la efusión de la gracia y misericordia recibida en la Sagrada Comunión.[106] San José María Escrivá nos aconseja, "No deje la Iglesia casi inmediatamente después de recibir el Sacramento. Seguramente usted no tiene nada tan importante para atender que usted no pueda dar a nuestro Señor 10 minutos para decir gracias... El amor se paga con amor."[107]

Quizás usted haya tenido la experiencia de ver la película "La Pasión de Cristo" en el teatro. ¿Cuál fue la respuesta

---

106 ¿Usted ve? C de apéndice para las oraciones sugeridas después del Santo Sacrificio de la Misa
107 *Comprender el montón, 201.*

de la audiencia los eventos fuertes de la pasión del Señor, la crucifixión, la muerte, y la resurrección? Cada una de las cuatro veces en que vi la película en el teatro hubo la misma respuesta de la audiencia: silencio, quietud, reverencia. La Misa es el mismo sacrificio fuerte y dramático y ensangrentado representado de una manera no sangrienta. Si tuviéramos la gracia para poder comprender mejor el misterio de la Misa, me atrevería a sugerir que también descubriríamos la misma reacción en nuestras almas: silencio, quietud, adoración, y acción de gracias. La próxima vez, terminaremos nuestra serie, "Entendiendo el Misterio de la Misa" con una evaluación breve y algunos comentarios finales.

27
Una Promesa de Gloria Futura

Para las 26 lecciones anteriores hemos revisado y hablado de las partes constitutivas del Santo Sacrificio de la Misa. Enfocamos nuestra atención en la estructura básica, la trascendencia histórica, teológica y espiritual de cada una de estas partes. Sin embargo, un estudio como el que terminamos, que intentaba examinar minuciosamente su tópico, puede dejar la audiencia con la impresión de que la Misa es una recopilación holgada de partes distintas. Por lo tanto, es necesario reiterar la coherencia esencial de la Santa Misa como un solo acto de adoración, una realidad que mencionamos desde el principio.

Realmente, desde el principio hasta el final, con todas sus partes, el Santo Sacrificio de la Misa es la oración del sacrificio de sí mismo y acción de gracias del Hijo eterno ofrecido al Padre eterno, en donde nosotros, como su cuerpo místico, rendimos a Dios adoración, alabanza, y acción de gracias. En cada Misa, nos unimos con la adoración de Cristo Jesús, el sumo sacerdote y la víctima, al Padre en el Espíritu Santo. Recordando los eventos de la pasión de Cristo, la muerte, y la resurrección en cada Misa, estamos realmente presentes en el Calvario, cuando Cristo se presentó y ofreció el único sacrificio perfecto de su Cuerpo y Sangre al Padre, brindando así los frutos de su sacrificio a su novia, la Iglesia. Por consiguiente, la Misa nos proporciona acceso a los misterios de salvación de nuestra fe: los eventos del pasado son traídos al presente para que los beneficios de nuestra redención puedan ser aplicados a nuestras almas. Por lo tanto, las 26 lecciones anteriores acerca de la Misa han principalmente revisado los eventos del pasado que son traídos al presente en cada Santa Misa. ¿Pero, y el futuro? Efectivamente, hay todavía una explicación adicional que es un aspecto adicional necesario de la Misa todavía no investigado: la realidad escatológica, el fin final hacia el que el Santo Sacrificio de la Misa es dirigido.

En su encíclica sobre la Sagrada Eucaristía, titulada, Ecclesia de Eucharistia, el Papa Juan Pablo II de buenas memorias habla de la realidad escatológica de la Misa:

> La Eucaristía es un esfuerzo hacia la meta, un anticipo de la plenitud del gozo prometido por Cristo (Juan 15: 11); es de alguna manera la anticipación del cielo, la "Promesa de la Gloria futura." En la Eucaristía, todo habla del esperar con confianza "En la esperanza gozosa de la venida de nuestro Salvador, Cristo Jesús".[108]

Y no sólo la Sagrada Eucaristía anticipa la Gloria futura, sino que el Santo Padre explica que en la Misa, nuestro lazo de comunión con la Iglesia ya en el cielo es fortalecido, para que participemos realmente en la liturgia celestial:

> La tensión escatológica despertada por la Eucaristía, expresa y refuerza nuestra comunión con la iglesia en el cielo... ¡Éste es un aspecto de la Eucaristía que amerita mayor atención: al celebrar el sacrificio del Cordero, ¡estamos unidos a la "Liturgia" celestial y nos hacemos parte de esa gran multitud que grita: "¡La salvación pertenece a nuestro Dios quien se sienta en el trono, y al Cordero!" (Apocalipsis, 7: 10). La Eucaristía es realmente un vislumbre del cielo que aparece sobre tierra. Es un rayo glorioso de la Jerusalén celestial que atraviesa las nubes de nuestra historia e ilumina nuestro viaje.[109]

Por lo tanto, nuestra participación en el Santo Sacrifico

---

108 *Ecclesia de Eucharistia, 18.*
109 *Ib.., 19.*

de la Misa nos anticipa y prepara para nuestra ocupación eterna en cielo, la de dar alabanza, gloria, adoración, y honra al Padre con el Hijo en el Espíritu Santo. Y "Mientras esperamos con gozosa esperanza en la venida de Nuestro Salvador", el advenimiento prometido de su regreso en gloria, la Iglesia se orienta hacia el este, la región del sol naciente, y fielmente continua el "Hagan esto en memoria mía"; el misterio de la Misa es representado sobre cada altar en cada Iglesia Católica en todos los tiempos y la historia, para que podamos unirnos al misterio del amor divino, que llevó a Santo Tomas de Aquinas a exclamar: "Oh Sagrado Banquete, en el que Cristo se hace nuestro alimento, la memoria de su pasión es celebrada, el alma es llenada de gracia, y una promesa de Gloria futura es dada a nosotros."[110]

Al final, hemos llegado a descubrir que "Entendiendo el Misterio de la Misa" no es simplemente un ejercicio académico, sino un profundo gozo espiritual mientras reconocemos la verdad de "Adrienne von Speyr en su reclamo inicial de que "La Misa es tanto los medios como la señal a través de la cual el Señor nos lega su amor."

---

110 *El catecismo, 1402.*

Apéndice A:
La Hora Santa:
"¿No podían permanecer Una Hora despiertos?"

En la noche que Cristo Jesús ofreció la Última Cena, la primera Santa Misa, en la noche que nuestro Señor instituyó el sacramento de la Eucaristía, el sacramento que cumpliría su promesa y deseo de estar con nosotros siempre, hasta el final del mundo, llevó a sus apóstoles al jardín de Getsemani para un tiempo de vigilia y oración. Mientras estaba en comunión con el Padre eterno en oración y agonía, sus apóstoles estaban profundamente dormidos. En tres ocasiones, nuestro Señor regresó para encontrar a sus fatigados discípulos dormidos. Por lo que él planteó esta pregunta para ellos, la eterna pregunta que ha resonado durante todos los siglos y ha reconsiderado a sus discípulos en cada generación: "No podían permanecer una hora despiertos?"[111]

¿Por qué debería yo hacer una Hora Santa? ¿Por qué debo pasar tiempo en adoración del Santísimo Sacramento? ¿Qué beneficios me aguardan si sacrifico una hora de mi tiempo todos los días, todas las semanas?

El apreciado Arzobispo Fulton J Sheen (1895-1979), quien era renombrado por su habilidad no solamente para pasar una hora todos los días en presencia de nuestro Señor en el Santísimo Sacramento (más de 60 años de su vida), sino también por su evangelización a otros para hacer lo mismo, escribió sobre los frutos y los efectos de hacer una Hora Santa todos los días. Su autobiografía, "Tesoros en arcilla", revela en el capítulo 12 titulado "La hora que me alegra el día", su ardiente amor y devoción para pasar tiempo con el Señor cada día. El escribe,

---

111 Manche 14: 37

"El propósito de la Hora Santa es para apoyar el encuentro profundo personal con Cristo. El Santo y Glorioso Dios nos está constantemente invitando a venir a él, para conversar con él, para pedir por las cosas que necesitamos y experimentar qué bendición hay al estar en compañía de él".[112] En otro libro del arzobispo, titulado, "El sacerdote no es sí mismo", Sheen da una lista exhaustiva de los beneficios de la Hora Santa que es digna de repetir. Debido a que su libro es escrito particularmente para sacerdotes, acortemos su lista de 15 razones de hacer una Hora Santa a las siguientes 10 razones de las que todos nosotros, clero y laicado por igual, deberíamos de disfrutar una Hora Santa (diariamente o por lo menos semanalmente). A la pregunta, "Porqué hacer una Hora Santa", el Obispo Sheen da las siguientes respuestas:

1. Porque es tiempo pasado en presencia de Nuestro Señor mismo. Si la fe está viva, ninguna otra razón es necesaria.

2. Porque en nuestra vida ocupada se toma tiempo considerable para sacudirse de... las preocupaciones mundanas que se pegan a nuestras almas como polvo.

3. Porque nuestro Señor lo pidió. [Ver la explicación anterior - Marcos 14: 37]

4. Porque la Hora Santa mantiene un equilibrio entre lo espiritual y lo práctico. La Hora Santa une la vida contemplativa a la vida activa; es Martha caminando con Maria.

5. Porque la Hora Santa nos hace instrumentos obedientes de Dios.

6. Porque la Hora Santa nos ayuda a hacer reparación tanto de los pecados del mundo como de nuestros

---

112 Sheen, Fulton. Brillo, tesoros en Barro (San Francisco: Ignatius insiste en: 1993), 190.

pecados.

7. Porque restituirá nuestra vitalidad espiritual perdida. Nuestro corazón estará donde este nuestro gozo.

8. Porque la Hora Santa es la hora de la verdad. A solas con Jesús, no nos vemos allí como los otros nos ven, sino como el juez nos ve.

9. Porque reduce nuestro riesgo a la tentación y la debilidad.

10. Porque la Hora Santa es la oración personal. La Santa Misa y el Rosario son las oraciones formales, oficiales, pertenecientes al cuerpo místico de Cristo. No nos pertenecen personalmente. Pero la Hora Sagrada da la oportunidad para la conversación personal.

En última instancia, el amor nunca es forzoso y nunca somos coaccionados a pasar tiempo con el Señor. Ésa es la razón por la cual "En la noche en que fue traicionado", en la noche en que nuestro Señor instituyó la Sagrada Eucaristía, invitó a sus discípulos así como nos invita hoy, "No podían permanecer una hora despiertos?"

Apéndice B:
Oraciones recomendadas en la preparación para
El Santo Sacrificio de la Misa

Oración de Santo Tomas de Aquinas (1225-1274)

Dios todopoderoso y eterno, me acerco al sacramento de tu Hijo único, nuestro Señor Jesucristo. Vengo enfermo al doctor de la vida, impuro a la fuente de la misericordia, ciego al resplandor de la luz eterna, y pobre y necesitado al Señor del cielo y la tierra. Señor, en tu gran generosidad, cura mi enfermedad, lava mi contaminación, ilumina mi ceguera, enriquece mi pobreza, y viste mi desnudez. ¡Que pueda yo recibir el pan de los ángeles, el Rey de reyes y Señor de señores, con reverencia humilde, con la pureza y la fe, el arrepentimiento y el amor, y el propósito decisivo que ayudará a traerme a la salvación! ¡Que pueda Yo recibir el sacramento del Cuerpo y la Sangre del Señor, y su realidad y poder! Dios amable, ¡que pueda yo recibir el Cuerpo de tu Hijo único, nuestro Señor Jesucristo, nacido del vientre de la Virgen Maria, y ser recibido en su cuerpo místico y contado entre sus miembros! Querido Padre, mientras en mi peregrinación terrenal recibo ahora a tu Hijo amado bajo el velo de un Sacramento, que pueda yo un día verlo frente a frente en gloria, a él quien vive y reina contigo por los siglos de los siglos. Amen.

Preparación para la Sagrada Comunión

Oh Señor Jesucristo, Rey de la gloria eterna, mira, yo deseo venir a ti en este día, y recibir tu Cuerpo y Sangre en este Sacramento divino, para tu honor y gloria, y el bien de mi alma. Deseo recibirte, porque es tu deseo, y tú lo has legado, por eso: bendito sea su Nombre por siempre. Deseo venir a ti de la misma manera que la Magdalena, que yo pueda ser liberado de todos mis males, y abrazarte, a ti mi único Bien. Deseo venir a ti, que pueda con felicidad adherirme a ti, y tú a mí y que nada en la vida o en la muerte pueda nunca separarme de ti. Amen.

Oración antes de la Sagrada Comunión
De la Liturgia Byzantina

Oh Señor, creo y confieso que eres realmente Cristo, el Hijo del Dios vivo, que vino al mundo para salvar a los pecadores, de quien yo soy el primero. Acéptame como parte de tu cena mística, Oh, Hijo de Dios; pues no revelaré tu misterio a tus enemigos, ni tampoco te daré un beso como lo hizo Judas, pero como el ladrón yo confieso: Acuérdate de mi, Oh Señor, cuando entres en tu reino. Recuérdeme, Oh Maestro, cuando entres en tu reino. Acuérdate de mi, Oh único Santo, cuando entres en tu reino. ¡Que el compartir de tus misterios sagrados, Oh Señor, no sean para mi juicio o condenación, sino para la sanación del cuerpo y el alma! Oh Señor, también creo y confieso, que lo que estoy a punto de recibir, es realmente tu precioso Cuerpo tu Sangre dadora de vida, por la cual, yo ruego me haga digno de recibir para la remisión de todos mis pecados y para la vida eterna. Amén

Apéndice C:
Oraciones recomendadas en Acción de Gracias en El Santo Sacrifico de Misa

Oración de Santo Tomas de Aquinas (1225-1274)

Señor, Padre Dios todopoderoso y eterno, te agradezco, porque aunque soy un pecador, tu servidor inútil, no por mi dignidad sino por la generosidad de tu misericordia, me has alimentado con el precioso Cuerpo y preciosa Sangre de tu Hijo, nuestro Señor Jesucristo. Ruego para que esta Comunión no me traiga condena ni castigo, sino el perdón y la salvación. Que sea un casco de y un revestimiento de buena voluntad! ¡Que me purifique mi maldad y ponga fin a mis malas pasiones! ¡Que me de caridad y paciencia, humildad y obediencia, y aumento el poder de hacer el bien! ¡Que sea mi mayor defensa en contre de todos mis enemigos, visibles e invisibles, y la perfecta calma a todos mis impulsos malvados, corporales y espirituales! ¡Que me una más fuertemente a ti, el único Dios verdadero, y me lleve sin peligro a través de la muerte a la felicidad eterna contigo! Y ruego que tú me lleves a mí, un pecador, al banquete en donde tú, con tu Hijo y el Espíritu Santo, son verdadero y perfecta luz, satisfacción completa, total gozo eterno, la alegría sin final, y felicidad perfecta para tus santos. Concédenos esto por Cristo nuestro Señor. Amen.

Acción de Gracias después de la Sagrada Comunión

Mi buen Jesús, te pido me bendigas; mantenme en tu amor; concédeme la gracia de la perseverancia final. Ayúdeme a hacerme Santo. Protegido por ti en cuerpo y alma, que yo nunca pueda desviarme del camino correcto, sino con seguridad llegar a tu reino, donde - no en los misterios indistintos, como en este mundo oscuro nuestro, sino- que cara a cara podamos verte. En sonde me llenaras de ti mismo y me llenarás con tal dulzura que no tendré hambre ni sed nunca más: quién con Dios el Padre y el Espíritu Santo viven y reinan por los siglos de los siglos. Amen.

Oración a San Miguel Arcángel

San Miguel Arcángel, defiéndanos en la lucha; se nuestra protección contra la perversidad y las trampas del maligno. Que Dios lo reprenda, oramos humildemente, y tu, príncipe de la milicia Celestial, por el poder de Dios, envía a Satanás al infierno, y todos los espíritus malignos, que se pasean por el mundo buscando la ruina de las almas. Amen.

Oración de Entrega a Cristo Jesús

Señor Jesucristo, tome toda mi libertad, mi memoria, mi entendimiento, y mi voluntad. Todo lo que tengo y poseo que tú me has dado. Me entrego a ti para ser dirigido por tu voluntad. Tu gracia y tu amor son riqueza suficiente para mí. Concédeme esto, Señor Jesús, y no pediré por nada más.

Oración del Cardenal John Henry Newman (1801-1890)

Querido Jesús, ayúdanos para dejar tu fragancia dondequiera que vayamos. Inunda nuestras almas con tu espíritu y vida. Traspasa y apodérate de todo nuestro ser completamente, que nuestras vidas puedan ser solo un resplandor de la tuya. Brilla a través de nosotros, y quédate tan en nosotros, que cada alma con la que tengamos contacto pueda sentir tu presencia en nuestra alma. ¡Déjalos mirar y ver no a nosotros sino solamente a Jesús! Quédate con nosotros, y luego empezaremos a brillar como brillas tú; brillar para ser una luz para otros; la luz, OH Jesús, será toda de ti; nada de ella será nuestra; serás tú, brillando en otros a través de nosotros. Que te alabemos en la manera en que tú amas mas, brillando en aquellos alrededor nuestro. Prediquémoslo sin el sermón, no por palabras sino con nuestro ejemplo, por la fuerza arrolladora, por la influencia comprensiva del lo que hacemos, la plenitud evidente del amor que nuestros corazones tienen por ti. Amen.

Apéndice D:
Oración recomendada para recibir
"La Comunión Espiritual"

Oración de San Alfonso Liguouri (1696-1787)
Mi Jesús, creo que estás presente en el Santísimo Sacramento. Te amo por encima de todas cosas, y deseo recibirte en mi alma. Ya que no puedo en este momento recibirte sacramentalmente, entra en mi corazón al menos espiritualmente. Te abrazo como si estuvieras ya aquí y me uno completamente a ti. No permitas que me aparte jamás de ti.

Oración por los Sacerdotes
De San Carlos Borromeo (1538-1584)

O Santa Madre de Dios,
Ruega por los sacerdotes que tu Hijo ha scogido para servir la Iglesia.
Ayúdalos, con tu intercession, para que sean santso, fervorosos y castos.
Hazlos modelos de virtud en el servicio al pueblo de Dios.
Ayúdalos a ser santos en la meditación, eficaces en la predicación,
y fervorosos en el ofrecimiento diario del Santo Sacrificio de la Misa.
Ayúdales a administrar los sacramentos con gozo.
Amen.

Bibliografía Recomendada

Encíclicas papales / documentos de Concilios

1. Pope Pius XII, *Mediator Dei* (Boston: St. Paul Books and Media, 1947).

2. *Sacrosanctum Concilium* (Constitution on the Sacred Liturgy, Promulgated by Pope Paul VI, 4 December 1963).

3. Pope John Paul II, *Ecclesia de Eucharistia* (Boston: St. Paul Books and Media, 2003).

4. Pope John Paul II, *Dies Domini* (Boston: St. Paul Books and Media, 1998).

5. Pope John Paul II, *Mane Nobiscum Domine* (New Hope, Kentucky: New Hope Publications, 2004).

6. *Redemptionis Sacramentum* (Washington, DC: United States Conference of Catholic Bishops, 2004).

Sobre la Misa y la Sagrada Eucaristía

7. *Catechism of the Catholic Church* (Libreria Editrice Vaticana: 2nd Edition, 1997), ¶1322-1419.

8. *General Instruction of the Roman Missal,* (Washington, DC: United States Conference of Catholic Bishops, 2003).

9. Belmonte, Charles *Understanding the Mass* (Princeton: Scepter Publishers, 1989)

10. Trese, Leo J. *The Faith Explained,* Third Edition (Princeton: Scepter Publishers, 2001) 347-431.

11. Elliott, Peter J. *Ceremonies of the Liturgical Year* (San Francisco: Ignatius Press, 2002).

12. Elliott, Peter J. *Ceremonies of the Modern Roman Rite* (San Francisco: Ignatius Press, 1995).

13. Elliott, Peter J. *Liturgical Question Box* (San Francisco: Ignatius Press, 1998).

14. Von Speyr, Adrienne. *The Holy Mass* (San Francisco: Ignatius Press, 1999).

Consideraciones místicas / espirituales / filosóficas de la Misa

15. Ratzinger, Joseph Cardinal *The Spirit of the Liturgy* (San Francisco: Ignatius Press, 2000).

16. Ratzinger, Joseph Cardinal *God Is Near Us: The Eucharist, The Heart of Life* (San Francisco: Ignatius Press, 2003).

17. Lang, David P. *Why Matter Matters* (Huntington, IN: Our Sunday Visitor, 2002).

18. Hahn, Scott *The Lamb's Supper: The Mass as Heaven on Earth* (New York: Doubleday, 1999).